WELTPOLITIK

EINFACH VERSTEHEN!

Inhalt

Politik ist langweilig!
Ja, Politik ist uns egal!
Wisst ihr überhaupt, was „Politik" bedeutet?
Meine Oma sagt: „Über Politik spricht man nicht!"
Blättere weiter und finde heraus, worum es in der Politik geht und warum es wirklich wichtig ist, sie zu verstehen und über sie zu sprechen.

Was ist Politik?

Das Wort Politik fällt oft, wenn über die Regierung eines Landes gesprochen wird. Eigentlich steht es jedoch dafür, wie Menschen in verschiedenen Gruppen – groß oder klein – Entscheidungen treffen und ihre Zusammenarbeit gestalten.

Die meisten Gruppen folgen einer bestimmten Organisationsform, sodass Entscheidungen jedes Mal auf die gleiche Weise getroffen werden können.

Sie bestimmen zum Beispiel, dass der Mannschaftskapitän immer für die Aufstellung zuständig ist.

Das nennt man ein **politisches System**.

Manchmal möchten Mitglieder der Gruppe das System jedoch verändern.

Auch das ist Politik.

Eine Gruppe, wie zum Beispiel eine Sportmannschaft, bezeichnet man als Gemeinschaft oder **Gesellschaft**. In einer Gesellschaft geht es nicht darum, was der Einzelne will, sondern um gemeinsame Entscheidungen und ein gutes Miteinander. Dafür brauchen wir die Politik.

Politik ist überall

Wenn wir über Politik sprechen, geht es meist um *große Gesellschaften*, wie etwa ganze Länder. In diesen Gesellschaften bezieht sich der Begriff Politik auf fast alle Aspekte des täglichen Lebens.

Arbeit

- Sollen wir Menschen ohne Arbeit Geld geben?
- Sollen Eltern während der Schulferien auch freibekommen?
- Wie hoch ist ein fairer Lohn?
- Ab welchem Alter sollen Menschen nicht mehr arbeiten?
- Ist es notwendig, dass Menschen aus anderen Ländern zu uns kommen, um hier zu arbeiten?

Transport

- In welchem Alter darf man den Führerschein machen?
- Soll das Busfahren für Kinder gratis sein?
- Braucht unsere Stadt einen neuen Flughafen?
- Soll es Pflicht sein, einen Fahrradhelm zu tragen?

Wirtschaft

- Wer darf sich Geld von der Bank leihen?
- Ist unsere Gesellschaft zu ungleich?
- Wie viele Steuern sollen die Bürger zahlen?
- Soll der Staat die Preise für bestimmte Dinge festlegen?
- Wie lässt sich der Wohlstand der Menschen verbessern?

Wohnungswesen

- Wie können wir Obdachlosen am besten helfen?
- Sind die Wohnungsmieten zu hoch?
- Wer ist für den Bau neuer Häuser zuständig?
- Gibt es genug Wohnraum?

Kultur

- Dürfen Zeitungen veröffentlichen, was sie wollen?
- Wer entscheidet, was im Fernsehen gezeigt wird?
- Sollen Museumsbesuche für alle gratis sein?
- Wie bringen wir junge Menschen dazu, mehr Sport zu treiben?
- Wollen wir mehr Touristen in unserem Land?

Recht und Ordnung

- Sollen Polizisten Waffen tragen?
- Ist es richtig, das Rauchen gesetzlich zu verbieten?
- Wer darf heiraten?
- Wer entscheidet über die Länge einer Gefängnisstrafe?

Wer hat das Sagen?

„Wer hat das Sagen?“ ist eine der wichtigsten politischen Fragen in großen Gesellschaften. Und die Antwort ist entscheidend, denn wer das Sagen hat, bestimmt über das Handeln der anderen. Du musst nicht immer tun, was ein anderer dir sagt. „Nein“ zu sagen ist aber schwierig, wenn dein Gegenüber *Macht* oder *Autorität* besitzt.

Wer *Macht* hat, kann dich verängstigen und dich so zu etwas zwingen.

Wer *Autorität* hat, muss dir nicht drohen. Denn in der Regel gehörst du zu einer größeren Gruppe, die ihn oder sie damit beauftragt hat, etwas zu bestimmen.

Wer hat Autorität?

In einer gerechten Gesellschaft verfügen die zuständigen Personen über Autorität – und nicht nur über Macht. Ein politisches System funktioniert, wenn die Mehrheit darin übereinstimmt, dass die Verantwortlichen allen anderen sagen *dürfen*, was sie zu tun haben.

Überlege einmal, wer dir sagt, was du tun sollst. Wie viele dieser Personen verfügen über Autorität? Was glaubst du?

Was ist eine Regierung?

In einer großen Gesellschaft, beispielsweise einem Land, lautet die Antwort auf die Frage „Wer hat das Sagen?“ meist: die Regierung. Sie kann aus einer einzigen Person oder aus mehreren Personen bestehen. Fast immer fällt jedoch sie die endgültige Entscheidung darüber, wie die Gesellschaft geführt wird.

Jede Regierung ist anders. Hier ein paar Beispiele:

Bis zum Ende des 18. Jahrhunderts wurde Frankreich von einem ***König*** regiert. Die Menschen glaubten, dass seine Autorität von Gott gegeben war.

Im Mittelalter regierte ein **Rat** aus Händlern die italienische Stadt Siena. Seine Mitglieder wurden alle zwei Monate ausgetauscht.

Im alten Sparta gab es **zwei Könige** aus zwei verschiedenen Königsfamilien.

Das Königreich Luba in Zentralafrika wurde von vielen **Häuptlingen** und **einem König** regiert.

Die Regierenden benötigen Autorität, um über das Handeln aller anderen zu bestimmen. Sie müssen zudem darauf vertrauen, dass die anderen dies akzeptieren. Aber wie erhalten sie ihre Autorität? Sie kann aus einer Tradition oder aus Beliebtheit entstehen, von einer *höheren* Autorität verliehen werden oder das Ergebnis einer weisen Entscheidung sein.

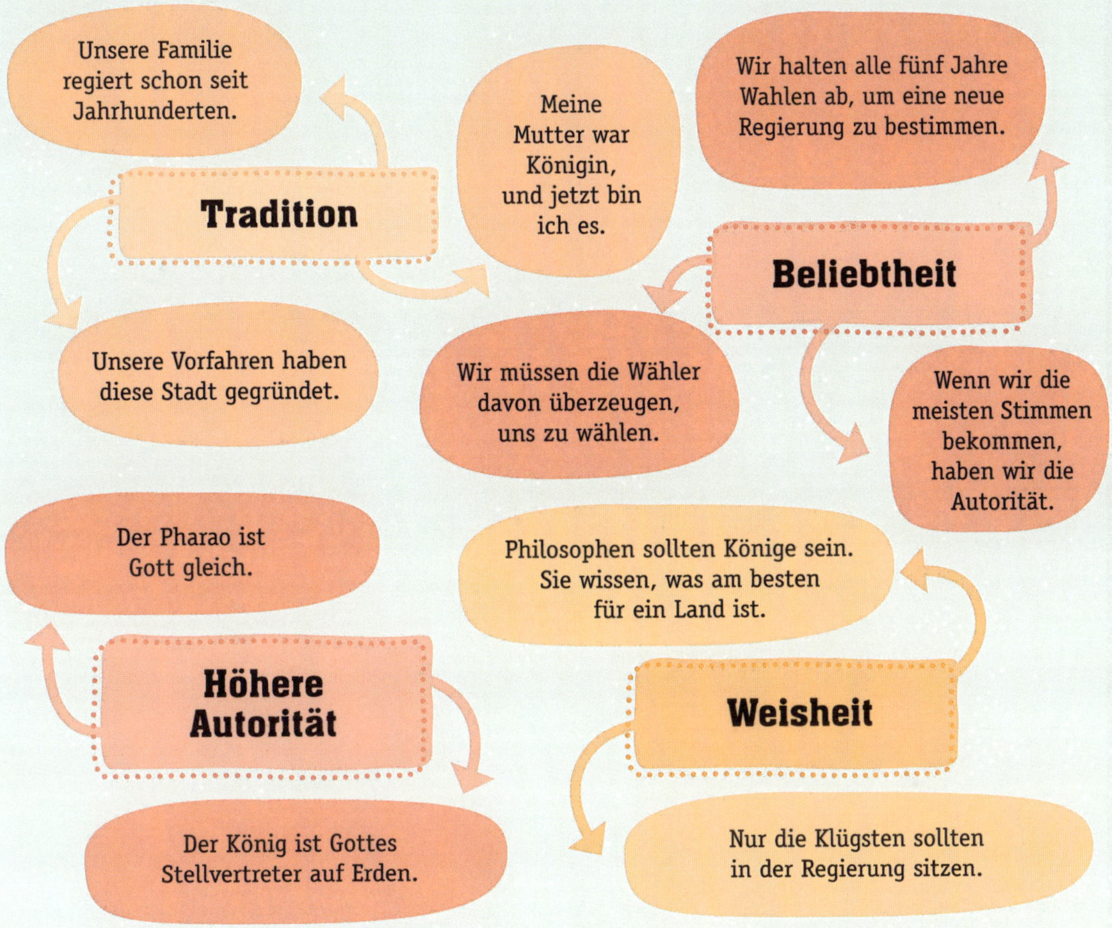

Wenn eine Regierung die Autorität für sich beansprucht, muss sie das begründen können. Zudem müssen die meisten (wenn nicht sogar alle) Mitglieder der Gesellschaft diese Begründung akzeptieren. Sind beide Bedingungen erfüllt, spricht man von einer **rechtmäßigen Regierung**.

Manchmal akzeptieren Menschen nicht, dass die amtierende Regierung rechtmäßig ist. Sie wollen eine Veränderung. Dann protestieren sie, fordern Reformen oder zetteln eine Revolution an, was unter Umständen zu einer *neuen* Regierung führen kann.

1. Kapitel
Verschiedene Formen der Regierung

Schon immer haben die Menschen darüber gestritten, welche Art der Regierung für ihre Gesellschaft die beste ist. Und immer wieder haben sich Regierungsformen verändert – ganz langsam im Laufe der Zeit oder auch ganz plötzlich, wenn Teile der Bevölkerung genug von der vorherrschenden Regierungsform hatten.

Dieses Kapitel stellt einige Regierungsformen der Vergangenheit vor, von den Anfängen der **Demokratie** im alten Griechenland bis hin zu Aufständen in Amerika, die zur Wahl des ersten Präsidenten der Vereinigten Staaten führten.

Demokratie in der Antike

Als die griechische Stadt Athen gegründet wurde, bildeten die wohlhabendsten Einwohner die Regierung des Stadtstaates. Alle anderen hatten keinerlei Mitspracherecht. Vor 2700 Jahren forderten die Athener jedoch, dass sich das ändern müsse. Sie wollten ihre Stadt selbst führen. Dies war der Ursprung der ersten Demokratie der Welt.

Jeder Bürger konnte sich an der Regierung beteiligen. Aber wer war ein Bürger?

Das Wort *Demokratie* kommt aus dem Griechischen und bedeutet „Herrschaft des Volkes". Bürger mussten jedoch männlich, frei, über 20 Jahre alt sein und Eltern haben, die beide in Athen geboren waren. Das bedeutete, dass nur 10 bis 20 Prozent der Bewohner Athens tatsächlich Bürger waren.

Das politische System bestand aus der **Bule** (Ratsversammlung) und der **Ekklesia** (Volksversammlung).

Bürger
(ungefähr 6000 Männer)

Bule
(500 per Los gewählte Mitglieder)

- entscheidet, wann die Ekklesia zusammentritt
- bestimmt, was besprochen wird
- schlägt neue Gesetze vor

Ekklesia
(alle Bürger zur Teilnahme aufgefordert)

- bespricht dringende Fragen
- nimmt die von der Bule vorgelegten Gesetze an oder lehnt sie ab

So könnte eine Zusammenkunft der Ekklesia ausgesehen haben. Gerade wird besprochen, ob Athen in den Krieg ziehen soll oder nicht.

Die Römische Republik

Unterdessen entwickelte sich das italienische Rom zu einer einflussreichen Stadt, regiert von Königen. Im Jahr 509 v. Chr. rebellierten wohlhabende Familien, die **Patrizier**, gegen den herrschenden König. Sie etablierten eine neue Regierungsform, in der es keine Könige oder Königinnen gibt: die **Republik**.

Anstelle eines Königs wählten die Patrizier zwei **Konsuln**. Diese führten die Regierungsgeschäfte.

Konsuln

Da es zwei Konsuln gab, konnte jeder einzelne nicht zu mächtig werden.

Die Macht der Konsuln war eingeschränkt durch:

den Senat

Der Senat bestand aus Patriziern. Sie berieten die Konsuln.

die Volkstribune

Sie vertraten die einfachen Bürger, **Plebejer** genannt.

Die drei Blöcke überwachten sich gegenseitig, sodass keine Person oder Gruppe zu viel Macht bekam.

Dieses System beruht auf dem Prinzip der **Gewaltenteilung**. Das heißt: Jeder Teil der Regierung verfügt nur über einen eingeschränkten Machtbereich.

Diktatur

In Krisenzeiten, wie einer Rebellion oder einem Krieg, galten in der Republik besondere Regelungen. Die Konsuln und der Senat konnten einen **Diktator** wählen, dessen Amtszeit jedoch auf maximal sechs Monate begrenzt war. Er traf alle Entscheidungen allein.

Diktaturen verliefen jedoch nicht immer so planmäßig. Julius Cäsar, der letzte römische Diktator, weigerte sich zurückzutreten. Er ernannte sich selbst zum Diktator auf Lebenszeit, wurde später aber ermordet. Heute wird das Wort Diktatur fast immer negativ aufgefasst.

Kaiserreiche und Kaiser

Die Römer dehnten ihre Macht mehr und mehr aus. Sie eroberten zahlreiche Gebiete weit über die italienische Halbinsel hinaus und errichteten ein riesiges Reich unter ihrer Herrschaft. In Rom selbst begann das System jedoch zu bröckeln und im Jahr 27 v. Chr. schließlich wurde die Republik von der Kaiserherrschaft abgelöst.

Das Gebiet, das dem Kaiser unterstand, erstreckte sich im Laufe der Zeit über einen Großteil von Europa. So sah das Römische Reich vor etwa 1800 Jahren aus:

Das Römische Reich war in **Provinzen** unterteilt. Jede Provinz wurde von einem römischen Statthalter verwaltet.

Der Kaiser regierte von Rom aus und besaß absolute Autorität. Seine öffentlichen Anordnungen oder Erlasse wurden automatisch zu Gesetzen.

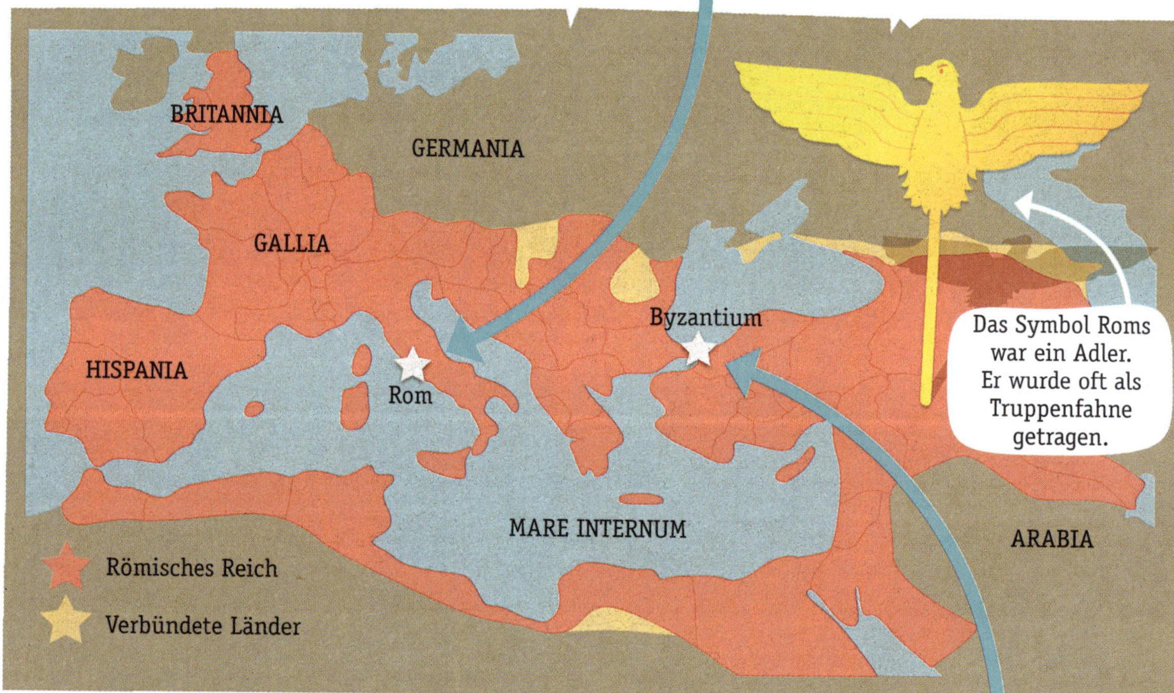

Das Symbol Roms war ein Adler. Er wurde oft als Truppenfahne getragen.

Menschen, die in den Provinzen außerhalb Roms lebten, mussten Steuern an den Kaiser zahlen. In ihrem Alltag hatten sie jedoch ziemlich viele Freiheiten.

Das römische Heer schützte die Grenzen des Reichs und eroberte immer neue Gebiete. Schließlich war das Reich so groß, dass es nicht mehr von Rom aus zu regieren war. Deshalb kam es im Jahr 395 zur Teilung des Römischen Reichs. Jetzt regierten zwei Kaiser in zwei Städten.

Die römische Regierung musste ein riesiges Gebiet und eine enorme Anzahl von Menschen verwalten, weit mehr als die meisten Regierungen heutiger Zeit. Das funktionierte so:

China: Vom Kaiserreich zur Meritokratie

Zur gleichen Zeit standen auch große Teile Asiens unter kaiserlicher Herrschaft. Die Kaiser kamen oft durch militärische Stärke an die Macht, die tatsächlichen Regierungsaufgaben führten aber gut ausgebildete **Beamte** aus. Ab dem 7. Jahrhundert mussten sie schwierige Prüfungen bestehen, um verbeamtet zu werden. Nur die besten Anwärter wurden ausgewählt. Dieses System ist als **Meritokratie** bekannt.

In Europa besetzten vor dem 19. Jahrhundert Angehörige der herrschenden Familien die Regierungspositionen. Dieses System heißt **Nepotismus.** Später übernahmen die europäischen Regierungen jedoch die Ideen des chinesischen Systems und vergaben die Ämter je nach erbrachter Leistung. Die Meritokratie birgt allerdings ganz eigene Probleme:

Feudalismus

Im Jahr 1066 wurde ein Herrscher namens Harald zum König von England gekrönt, ein Titel, den sein Rivale Wilhelm, Herzog der Normandie (Frankreich), jedoch für sich selbst beanspruchte. Er segelte nach England, tötete Harald im Kampf, übernahm die Krone und wurde „Wilhelm der Eroberer" genannt.

Wilhelm regierte nun über ein fremdes Land. Niemand hatte einen Grund dazu, ihm treu zu dienen. Deshalb brauchte er eine neue Form der Herrschaft. Seine Lösung war der **Feudalismus**, eine Form der **Monarchie**, die in England viele Jahrhunderte fortgeführt wurde.

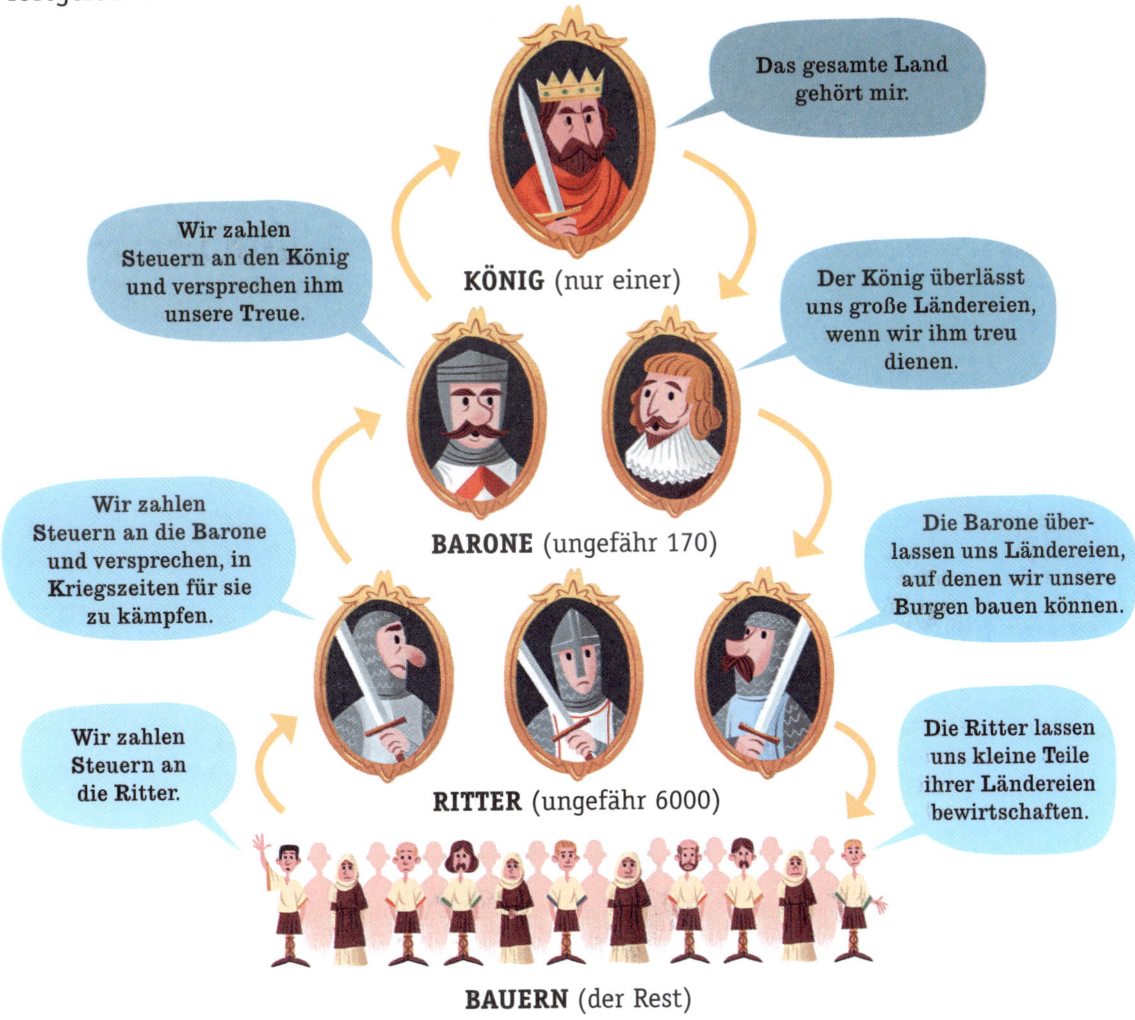

Dieses System klingt relativ friedlich, war aber den Bauern gegenüber ungerecht. Einige Menschen versuchten, gegen Wilhelm zu rebellieren, denn seine Macht als König war durch nichts eingeschränkt. Er konnte tun und lassen, was er wollte, und wandte oftmals Gewalt gegen die Rebellen an.

Absolute Monarchie

Absolute Monarchie oder **Absolutismus** bezeichnet eine Regierung, in der alle Macht bei einem König oder einer Königin liegt. Diese Staatsform war im 17. und 18. Jahrhundert in Europa weit verbreitet. Als einer der bekanntesten absoluten Monarchen gilt König Ludwig XIV. von Frankreich (1643–1715), der mit allen Mitteln möglichst viel Macht in seinen Händen vereinen wollte.

Kriegsruhm

Ludwig gab sehr viel Geld dafür aus, das französische Heer zum größten und stärksten Heer Europas zu machen. Er ließ es gegen seine Feinde kämpfen und sicherte so die Grenzen Frankreichs.

Ansehen

Ludwig baute einen großen Palast und gab Gemälde in Auftrag, die ihn als mächtigen Herrscher zeigten.

Geld

Ludwig erneuerte das französische Steuersystem, sodass mehr Geld direkt in seine Kassen floss.

Einschüchterung

Ludwig nutzte seine Macht, um seine Gegenspieler innerhalb Frankreichs zu vernichten, insbesondere, wenn sie gegen seinen katholischen Glauben waren.

Treue Berater

In der Vergangenheit entstammten die königlichen Berater reichen und mächtigen *Adelsfamilien*. Ludwig ließ sich stattdessen von weniger wohlhabenden Personen beraten. Ihre gesellschaftliche Stellung hing von seiner Gunst ab. Deshalb war es unwahrscheinlich, dass sie ihm widersprachen.

Göttliche Rechtfertigung

Ludwig wurde geboren, nachdem seine Eltern 23 Jahre lang versucht hatten, ein Kind zu bekommen. Die Menschen sahen in ihm daher ein Geschenk Gottes und Ludwig glaubte das ebenfalls. Er behauptete, Gott habe ihm das Recht zur Herrschaft gegeben.

Zentralisierung

Vor Ludwigs Herrschaft galten in den entfernten Regionen Frankreichs oftmals eigene Gesetze und Steuersysteme. Ludwig brachte das ganze Land unter die Kontrolle einer zentralen Regierung.

Kontrolle der Adligen

Ludwigs größtes Problem war es, die französischen Adelsfamilien unter seine Kontrolle zu bringen. Einflussreiche Adlige hatten bereits gegen seinen Vater rebelliert und nun gab es Aufstände in Paris. Ludwig musste dafür sorgen, dass diese Adligen nicht zu mächtig wurden oder sich gegen ihn erhoben. Daher befahl er den Störenfrieden, mit ihm am Hof von Versailles zu leben. So konnte er stets ein Auge auf sie haben.

Selbstverwaltung

Vor ungefähr 300 Jahren herrschte Großbritannien über Kolonien an der Ostküste Nordamerikas. Die dort lebenden Siedler, die sich **Patrioten** nannten, empfanden die Situation als ungerecht. In den 1770er-Jahren begannen sie damit, sich zu wehren und forderten das Recht auf Selbstverwaltung.

1773 führten die Briten, ohne Rücksprache mit den Kolonisten, eine veränderte Teesteuer ein. Das führte zu einem Akt des Widerstands, der „Boston Tea Party".

Großbritannien herrschte über 13 Kolonien, die heute als *Staaten* bezeichnet werden. Als Folge der Boston Tea Party setzten die Patrioten ihre eigenen Regierungen ein und weigerten sich, der britischen Krone weiter zu gehorchen. 1776 erklärten die 13 Staaten ihre Unabhängigkeit von Großbritannien. Der **Unabhängigkeitskrieg** begann.

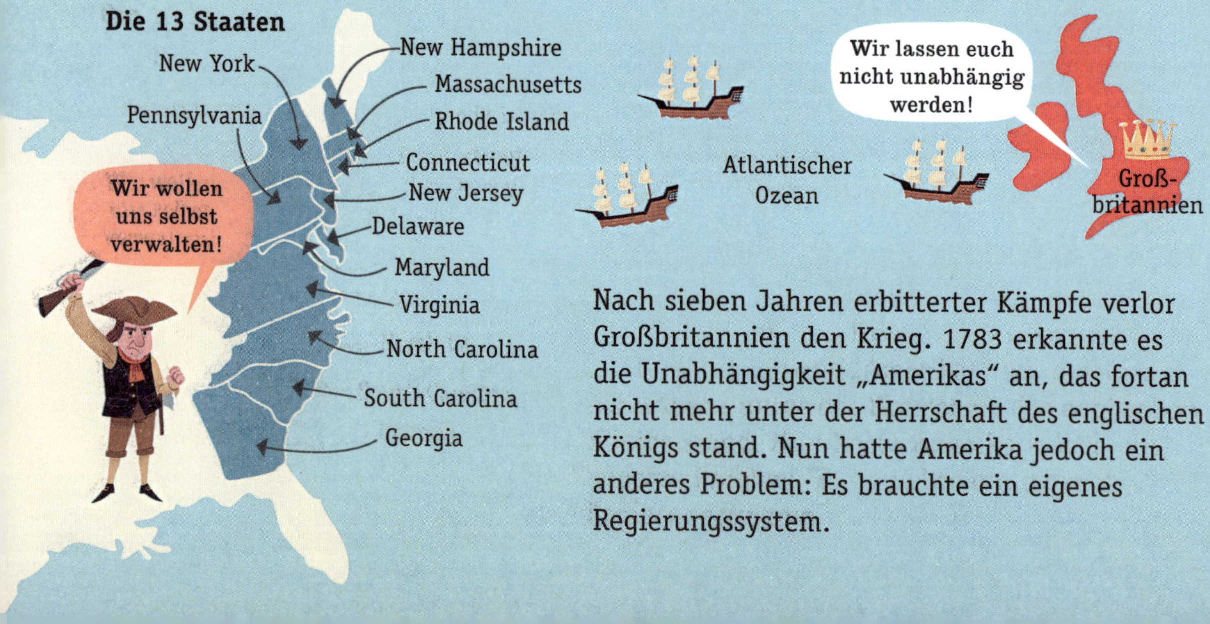

Nach sieben Jahren erbitterter Kämpfe verlor Großbritannien den Krieg. 1783 erkannte es die Unabhängigkeit „Amerikas" an, das fortan nicht mehr unter der Herrschaft des englischen Königs stand. Nun hatte Amerika jedoch ein anderes Problem: Es brauchte ein eigenes Regierungssystem.

Eine neue Verfassung

Während des Krieges hatte jeder Staat seine eigene **Verfassung**. Sie regelte die Arbeit der jeweiligen Staatsregierung. 1787 trafen sich Vertreter der 13 Staaten, die sogenannten **Gründerväter**, in Philadelphia, Pennsylvania. Sie wollten über eine neue Verfassung für eine nationale Regierung ihrer neuen Nation, den **Vereinigten Staaten von Amerika**, sprechen.

Diese drei Gründerväter orientierten sich an drei verschiedenen Systemen:

James Madison — Alexander Hamilton — Benjamin Franklin

Im Jahr 1788 trugen die Gründerväter ihre Ideen zusammen und einigten sich auf eine neue Verfassung. Nach vielen Streitereien ergänzten sie 1789 zehn Zusatzartikel, die in der **Bill of Rights** niedergeschrieben sind.

Die **Verfassung** schrieb einen gewählten Präsidenten, berufene Richter, ein Repräsentantenhaus und einen Senat vor. Mehr dazu auf Seite 42.

Die **Bill of Rights** stellte sicher, dass die Rechte der einzelnen Personen und Staaten eingehalten wurden, es sei denn, sie waren Sklaven oder Ureinwohner.

Repräsentative Demokratie

Mit der neuen Verfassung der Vereinigten Staaten wurde das Regierungssystem der **repräsentativen Demokratie** geschaffen. Es hatte allerdings nicht mehr viel Ähnlichkeit mit jener Demokratie, die einst im antiken Athen ihren Anfang nahm.

Athen der Antike
(direkte Demokratie)

USA
(repräsentative Demokratie)

Verglichen mit Athen war Amerikas Gesellschaft viel größer und komplizierter. Eine direkte Demokratie praktisch umzusetzen, wäre sehr schwierig gewesen. Aber es gab auch noch einen weitaus wesentlicheren Grund. Der Gründervater John Adams nannte es die …

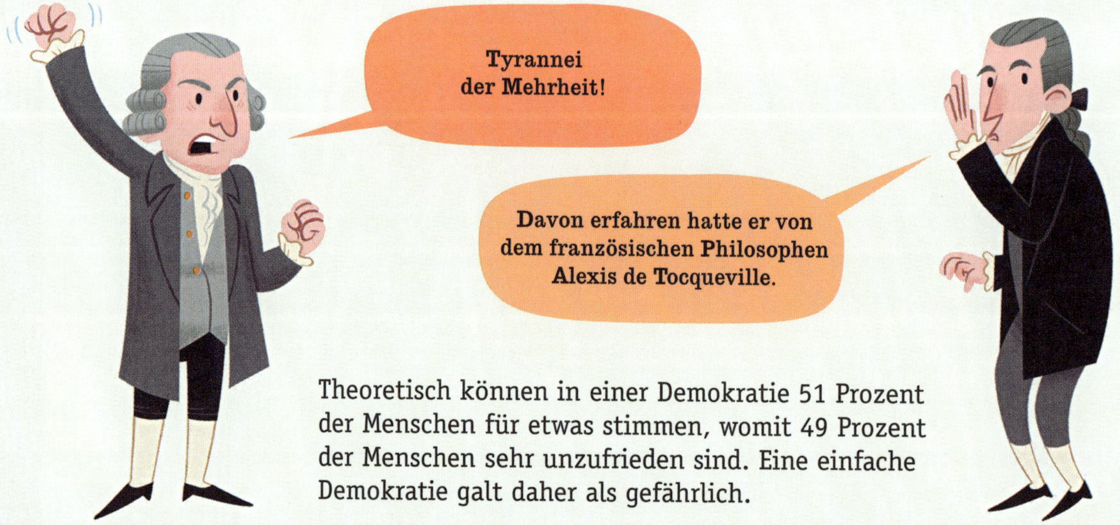

Theoretisch können in einer Demokratie 51 Prozent der Menschen für etwas stimmen, womit 49 Prozent der Menschen sehr unzufrieden sind. Eine einfache Demokratie galt daher als gefährlich.

Um die Tyrannei der Mehrheit zu vermeiden, schuf die amerikanische Verfassung mehrere Regierungsbereiche und führte Gewaltenteilung ein – genau wie in der römischen Republik. Mehr zum amerikanischen System findest du auf den Seiten 42 und 43.

Heute sind die meisten Länder der Welt repräsentative Demokratien (auch wenn diese sich voneinander unterscheiden). Hier findest du einige Argumente dafür, warum eine repräsentative Demokratie einer direkten Demokratie vorzuziehen ist:

Der perfekte Vertreter?

Du weißt vielleicht nicht, wer sie sind, aber vermutlich hast auch du Vertreter. Stelle sie dir ein bisschen wie Diener vor: Du schickst sie los, damit sie verschiedene Dinge für dich erledigen.

Viele Menschen, so auch die Gründerväter, verlangten jedoch *mehr* von den Vertretern. Sie sollten die Weisheit besitzen, *bessere* Entscheidungen zu treffen, als wir selbst es können. So will es zumindest die Theorie.

2. Kapitel
Politische Systeme

Ein **politisches System** ist ein grundlegendes Regelwerk für Regierungen. Es beantwortet zum Beispiel diese Fragen: Wer hat das Sagen? Wie werden die Regierenden ausgewählt? Wer in der Regierung hat welche Aufgaben?

Die meisten Systeme haben das Ziel, einen **Staat** zusammenzuhalten. Als Staat bezeichnet man ein unabhängiges Land mit einer eigenen Regierung.

Kein Land verfügt über ein perfektes politisches System. Auseinandersetzungen darüber, wie man einzelne Systeme verändern kann, haben schon manches Mal zu Kriegen und Revolutionen geführt. Einige Menschen sind sogar der Meinung, Regierungen seien überflüssig und sollten abgeschafft werden.

Arten politischer Systeme

Du begegnest ständig vielen verschiedenen politischen Systemen, auch wenn sie manchmal nicht direkt als solche erkennbar sind.

Zu Hause

Das erinnert an eine *absolute Monarchie*, oft mit zwei Monarchen (siehe Seite 22 und 23).

In der Schule

Das ähnelt ein bisschen dem *Feudalismus* (siehe Seite 21).

Manchmal kommt es einem auch so vor, als gäbe es überhaupt kein System.

Ein System schaffen

Die meisten Staaten setzen sich aus verschiedenen Bevölkerungsgruppen zusammen. Systeme müssen alle diese Gruppen gerecht behandeln und gleichzeitig für reibungslose Abläufe sorgen. Manche Systeme beruhen auf äußerst unterschiedlichen Antworten auf dieselben grundlegenden Fragen.

Wer wählt die Regierenden?

- Die Stärksten sollen regieren.
- Die Bürger wählen sie in regelmäßig stattfindenden Wahlen.
- Niemand *wählt*. Die Regierenden erben ihre Position.

Wer legt die Gesetze fest?

- Eine Gruppe von Politikern, wie zum Beispiel ein Parlament
- Jeder kann über jedes neue Gesetz abstimmen.
- Ein König oder eine Königin

Wer ist der Oberbefehlshaber des Militärs?

- Das Militär organisiert sich selbst, unabhängig von der Regierung.
- Der König oder die Königin
- Die Regierung

Wer darf Recht sprechen?

- Ein Team aus Richtern, ernannt von der Regierung
- Die Regierung
- Religiöse Führer
- Eine Gruppe von gewählten Richtern

Die meisten politischen Systeme nehmen die gleichen Ziele für sich in Anspruch: die Bürger vor Angriffen schützen, bei Streitigkeiten unter ihnen helfend eingreifen und ihnen ein besseres Leben bieten.
Die folgenden Seiten stellen einige dieser Systeme vor.

Autoritäre Systeme

Bis in die 1800er-Jahre wurden die meisten Staaten von einem einzelnen, sehr mächtigen Oberhaupt regiert. Heute bezeichnet man Staaten dieser Art – mit einem **Diktator** oder einem kleinen Komitee an der Spitze – als **autoritäre** Staaten. Ihre Oberhäupter können ihre eigenen Gesetze festlegen und so ihre Macht erhalten.

Keine Opposition

Viele Diktatoren kommen nach einer Wahl an die Macht und können so tun, als führten sie immer noch ein demokratisches Land. Da sie aber auf keinen Fall bei zukünftigen Wahlen unterlegen sein wollen, legen sie neue Regeln fest. Mit diesen stellen sie sicher, dass niemand sonst eine Wahl gewinnen kann.

Totale Überwachung

Einige autoritäre Staatsoberhäupter beschäftigen unglaublich viele Spione. Diese bespitzeln und belauschen alle anderen Menschen um sie herum und geben Informationen an die Machthaber weiter.

Kontrolle der Medien

Alle Übertragungen im Fernsehen, Radio und sogar im Internet müssen vom staatlichen **Zensor** genehmigt werden. Wenn die Führung den Bürgern bestimmte Informationen vorenthalten will, kann sie sämtliche Berichte dazu untersagen oder beseitigen.

Kein Versammlungsrecht

Die nationale Polizei darf alle öffentlichen Versammlungen, die größer sind als eine Familie, auflösen. So sollen Revolutionen verhindert werden.

Die strengsten Diktatoren fordern von den Bürgern per Gesetz totalen Gehorsam und sogar die Heldenverehrung. Staaten mit derartigen Gesetzgebungen bezeichnen wir als **totalitäre** Staaten.

Keine Kritik

Wer sich der Führung oder dem Staat gegenüber kritisch äußert, kann festgenommen und ins Gefängnis gebracht werden.

Kim Jong-un erbte im Jahr 2011 die Rolle des „Obersten Führers von Nordkorea" von seinem Vater. Das Land wird oft als totalitärer Staat eingestuft.

Militärherrschaft

Es kommt vor, dass die obersten Befehlshaber des Militärs die Macht in einem Land übernehmen – und sie ausüben, bis das Land ihrer Meinung nach für Wahlen bereit ist. Das kann Jahrzehnte dauern.

Eine vom Militär geführte Regierung wird oft als **Militärjunta** bezeichnet.

Argentinien wurde zwischen 1930 und 1983 von fünf verschiedenen Militärjunten regiert.

Gottesstaat

In manchen Ländern haben spirituelle oder religiöse Führer das Sagen. Die Zahl ihrer Unterstützer ist oft größer als eine Armee.

Ein politisches System, das auf religiösen Prinzipien beruht, heißt **Theokratie**. Die Prinzipien können genauso streng sein wie die Gesetze eines Diktators.

Im Iran entmachteten strenggläubige Muslime im Jahr 1979 die Regierung und ernannten ihren geistigen Führer Ayatollah Khomeini zum neuen Staatsoberhaupt.

Faschistische Diktatoren

Der **Faschismus** ist eine politische Bewegung, die an die Verbundenheit der Menschen zu ihrem Land appellierte. Das tat sie jedoch, indem sie gleichzeitig den Fremdenhass propagierte und Menschen tyrannisierte, die anderer Meinung waren.

Die erste faschistische Partei der Welt wurde 1919 von Benito Mussolini in Italien gegründet. 1922 wurde er zum Ministerpräsidenten gewählt. 1925 erklärte er sich selbst zum Diktator.

Eine besonders brutale Form des Faschismus war der Nationalsozialismus in Deutschland 1933–1945 unter dem Diktator Adolf Hitler.

Kommunismus

Im Verlauf des 20. Jahrhunderts wandten sich viele Länder einem neuen System zu: dem **Kommunismus**. Der Theorie zufolge gehören in diesem System alle Besitztümer wie Lebensmittel, Kleidung und Wohnraum allen Menschen zu gleichen Teilen. Die kommunistischen Regierungen bewirkten zwar große Veränderungen, es gelang jedoch keiner von ihnen, eine vollkommen gleichberechtigte Gesellschaft aufzubauen.

Der deutsche Philosoph Karl Marx schrieb zusammen mit Friedrich Engels die grundlegenden Ideen des Kommunismus auf. Sie nannten ihr Buch *„Das Kommunistische Manifest"*. Es wurde 1848 veröffentlicht.

Einige entschlossene Anführer in verschiedenen Ländern versammelten Menschen um sich, die an Marx' Ideen glaubten. Sie stürzten die bestehende, oftmals autoritäre Regierung und begannen damit, einen kommunistischen Staat aufzubauen.

Klassenkämpfe

Laut Marx und anderen Denkern waren die Gesellschaften Europas aus Gruppen oder Klassen aufgebaut. Monarchen und Adlige gehörten zur herrschenden Klasse, Fabrikbesitzer oder Menschen mit gut bezahlten Berufen zur Mittelklasse. Der Kommunismus wollte für die Rechte der *Arbeiterklasse* kämpfen – also für jene Menschen, die den Großteil der Arbeit leisteten, aber am wenigsten dafür bekamen.

Politische Anführer wie Lenin erhielten viel Unterstützung aus der Arbeiterklasse.

Durch riesige Versammlungen und massive Proteste konnten die Kommunisten die meisten Mitglieder der herrschenden Klasse gefangen nehmen, sie hinrichten oder verbannen.

Neue Anführer übernahmen das Ruder. Sie setzten sich für die Arbeiterklasse ein, stammten aber oftmals selbst aus der Mittelklasse.

Häuser von reichen Angehörigen der herrschenden Klasse wurden enteignet und von der Regierung übernommen.

Angehörige der Mittelklasse und der Arbeiterklasse konnten ihre Waren nicht mehr verkaufen. Sie übergaben alles an die Regierung …

… die es dann verteilte.

Das System vertraute auf den Fleiß und die Ehrlichkeit aller Menschen, was aber in harten Zeiten nicht immer funktionierte.

Kommunistische Anführer hatten mit Hungersnöten und Kriegen zu kämpfen. Um ihr System am Laufen zu halten, nutzten sie dieselben Taktiken wie totalitäre Diktatoren. Häufig waren sie sogar noch skrupelloser.

Imperialismus

Im 19. und 20. Jahrhundert übernahmen viele europäische Länder die Herrschaft über andere Gebiete in weit entfernten Teilen der Erde. So schufen sie riesige Staatsgebiete oder sogenannte **Reiche**. Die eroberten Länder hatten keine eigene Regierung. Sie wurden zu sogenannten **Kolonien** oder **Schutzgebieten**.

Diese Karte zeigt einige der europäischen Kolonien im frühen 20. Jahrhundert.

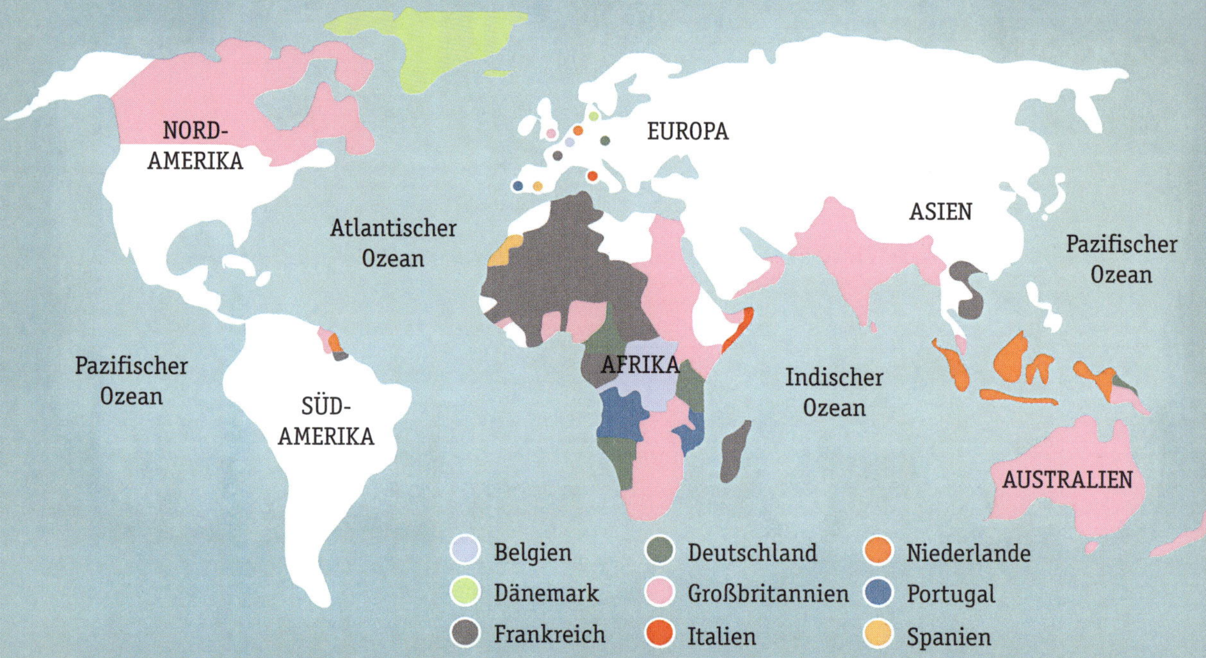

Die Reiche wahrten die Herrschaft über ihre Kolonien auf verschiedene Weise.

Direkte Herrschaft

Die herrschende Nation führte ihr eigenes Regierungssystem in der Kolonie ein.

Beispiel: Die Regierung in Frankreich herrschte direkt über alle französischen Kolonien.

Indirekte Herrschaft

Die herrschende Nation wählte Vertreter vor Ort aus. Diese regierten das Land – aber nur solange sie machten, was ihnen gesagt wurde.

Beispiel: So ging das Britische Weltreich in Indien vor.

Besiedlung

Europäer zogen in die Kolonien und bildeten ihre eigenen Regierungen, ohne Rücksicht auf die Einheimischen.

Beispiel: Britische Siedler ließen sich in Südafrika nieder.

Imperialismus und Gewalt

Die Europäer vergrößerten ihre Reiche häufig durch militärische Eroberungen und regierten autoritär. Sie waren davon überzeugt, dass ihre Lebensweise der Lebensweise in den kolonisierten Ländern überlegen sei, und hielten es sogar für ihre Pflicht, die Einheimischen zu „zivilisieren". Hauptsächlich wollten sie jedoch Profit aus den Erträgen oder Bodenschätzen in den Kolonien schlagen und ihre Macht gegenüber anderen Kolonialmächten ausbauen.

Die Kolonialmächte nutzten verschiedene Methoden zur Herrschaftssicherung.

Sprache und Religion

Alle Regierungsgeschäfte wurden in der Sprache der herrschenden Nation abgewickelt. Dadurch war es schwierig, das System von innen heraus zu stürzen.

Häufig wurden die Menschen vor Ort auch dazu gezwungen, die Kultur der Kolonialmächte zu übernehmen. Sie mussten zum Beispiel zu einer anderen Religion übertreten.

Grenzverwirrung

Kolonialmächte schlossen nicht mit den Einheimischen, sondern mit anderen Kolonialmächten Abkommen zur Festlegung von Grenzen. Durch diese neuen Grenzen wurden langjährige Gemeinschaften oft brutal auseinandergerissen.

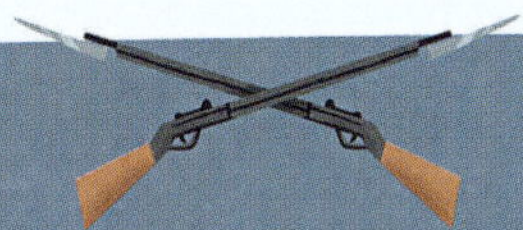

Landnahme

Reiche Siedler eigneten sich die besten, gewinnbringendsten Landflächen an. Die Einheimischen hatten keine Chance, von ihren eigenen Bodenschätzen zu profitieren.

Neue Feinde

Die herrschenden Regierungen setzten mitunter lokale Anführer von Minderheitsgruppen in hohe Ämter ein. Häufig zogen diese den Hass anderer Gruppen auf sich.

Steuern ohne Vorteile

Die meisten Kolonien mussten Steuern an die herrschenden Regierungen zahlen. Oft kamen diese Steuern nicht der Kolonie selbst zugute, sondern wurden in ganz anderen Teilen des Kolonialreichs ausgegeben.

Das Ende des Imperialismus

Im Laufe des 20. Jahrhunderts forderten viele Kolonien ihre Unabhängigkeit und kämpften dafür. Und auch immer mehr Länder weltweit stimmten darin überein, dass die Kolonialherrschaft keine legitime Form der Regierung sei. Viele frühere Kolonien leiden aber bis heute unter den Nachwirkungen der Kolonialisierung. Mehr dazu findest du auf den Seiten 75, 90 und 101.

Der demokratische Prozess

Heutzutage sind die meisten Länder **Demokratien.** In einem demokratischen politischen System sollen die Bürger, genau wie im antiken Athen, Einfluss auf die Regierung ihres Landes haben. Im Folgenden erfährst du, wie das im gängigsten dieser Systeme abläuft: in der **repräsentativen Demokratie.**

Bürger

(Das sind alle Wahlberechtigten; mehr dazu in Kapitel 3.)

Jeder kann in einer **Wahl** einen Repräsentanten oder Vertreter wählen.

Gewählte Repräsentanten*

In der Regierung setzen sich gewählte Vertretergruppen zusammen, um über politische Grundsätze zu debattieren …

… und daraus Vorschläge für neue Gesetze oder **Gesetzesentwürfe** zu formulieren.

Medien

(Internet, TV, Radio, Zeitungen)

Nachrichtenkanäle erklären die Debatten und beauftragen Experten damit, die neuen Strategien und Gesetzesentwürfe zu kommentieren.

Viele Nachrichtenorgane wollen sich neutral anhören. Tatsächlich haben sie jedoch alle eine gewisse **Tendenz**, das heißt, sie vermischen Fakten mit Meinungen.

Bürger

Die Menschen reagieren unterschiedlich auf die Nachrichten. Daraus entsteht eine **öffentliche Meinung**. Natürlich gibt es in der Regel mehr als eine Meinung.

Gewählte Repräsentanten

Oft berücksichtigen die gewählten Vertreter die öffentliche Meinung (und die Medien), wenn sie über einen Gesetzesentwurf abstimmen. Tun sie das nicht oder stellen sie sich auf die Seite einer unbeliebten Meinung, verlieren sie vielleicht bei der nächsten Wahl ihren Job.

*In Deutschland sind das die Bundestagsabgeordneten.

Bei wichtigen oder umstrittenen Entscheidungen beschließt die Regierung manchmal, dass alle Bürger abstimmen können. Ein derartiger Volksentscheid wird auch als **Referendum** bezeichnet.

Referendum über das Wahlalter

Soll das Wahlalter auf 16 Jahre gesenkt werden?

☐ Ja ☐ Nein

Kleinere Länder wie die Schweiz halten in vielen Fragen Volksentscheide ab. Das Schweizer System ist ein modernes Beispiel für eine **direkte Demokratie**.

Die Mehrheit entscheidet

Viele Demokratien folgen einem einfachen Prinzip: Wer oder was die meisten Stimmen erhält, gewinnt. Das wird als **Mehrheit** bezeichnet. Manchmal repräsentiert die Mehrheit jedoch nicht, was die *meisten Menschen* tatsächlich wollen. Hier ein Beispiel:

Mehr zu Wahlen und Wahlsystemen findest du in Kapitel 3.

Gewaltenteilung

Gewählte Vertreter müssen zusammenarbeiten, um die verschiedensten Entscheidungen zu treffen. Damit nicht eine einzige Person zu viel Macht besitzt, teilen die meisten Demokratien die Regierungsaufgaben in drei Bereiche oder **Gewalten** auf.

Ausführende Gewalt (Exekutive)

Sie führt politische Grundsätze und Gesetze aus.

An ihrer Spitze steht oft eine einzelne Person, zum Beispiel ein **Staatspräsident, Bundeskanzler** oder **Premierminister.** Dieser wird von einer Regierungsmannschaft oder einem **Kabinett** unterstützt.

Die Exekutive (in Deutschland die Bundesregierung) muss allen neuen Gesetzen zustimmen und kann sie oftmals auch vorschlagen. Sie kann jedoch keine neuen Gesetze schaffen. Das ist die Aufgabe der Legislative.

Gesetzgebende Gewalt (Legislative)

Sie erlässt neue Gesetze und schafft veraltete ab **(Gesetzgebung)**; diskutiert **politische Grundsätze**, also Ideen, wie die Gesellschaft funktionieren soll.

Die Legislative (in Deutschland der Bundestag) besteht in der Regel aus gewählten Vertretern, die **politischen Parteien** angehören. Mitglieder verschiedener Parteien haben oftmals sehr verschiedene Meinungen.

Rechtsprechende Gewalt (Judikative)

Sie stellt sicher, dass die anderen beiden Gewalten gegen keine Regeln verstoßen, insbesondere gegen Regeln der nationalen Verfassung.

Sie gewährleistet, dass alle Bürger eines Landes und das Staatsoberhaupt denselben Gesetzen folgen oder dieselben Bestrafungen erhalten.

Die Judikative (in Deutschland die Bundes- und Landesgerichte) setzt sich in der Regel aus erfahrenen Richtern zusammen. Sie werden nicht gewählt, sondern berufen.

Die Zusammenarbeit der drei Gewalten

Die Legislative debattiert über neue Gesetze …

Hier passiert genau das, was die meisten Menschen unter dem Begriff „Politik" verstehen.

Nach der Debatte gibt es eine Abstimmung …

Die Exekutive führt die Gesetze aus …

Und hier noch die Judikative …

Hier wird sichergestellt, dass weder Einzelpersonen noch einzelne Regierungsbereiche tun können, was sie wollen.

Demokratie in den USA

Eines der bekanntesten politischen Systeme der Welt ist das System der Vereinigten Staaten von Amerika (USA). Drei Organe teilen sich die Herrschaftsgewalt: der **Präsident** (in den USA das Staatsoberhaupt) sowie zwei Gruppen von Repräsentanten, der **Kongress** und der **Oberste Gerichtshof**.

Was macht der Präsident?

- verantwortet, dass Gesetze und politische Grundsätze angewendet werden; ernennt ein Kabinett, das ihn dabei unterstützt
- beruft neue Richter an den Obersten Gerichtshof
- bestimmt über die bewaffneten Streitkräfte
- kann neue Gesetze genehmigen oder ablehnen

Der Präsident wird alle vier Jahre von allen Bürgern* im Land neu gewählt; er kann für maximal zwei Amtszeiten gewählt werden.

Der Präsident und das Kabinett arbeiten im Weißen Haus in der amerikanischen Hauptstadt Washington, D. C.

Was macht der Kongress?

- schlägt neue Gesetze vor, erörtert sie und leitet sie, wenn genügend Kongressmitglieder zustimmen, zur Genehmigung an den Präsidenten weiter
- teilt andere Aufgabenbereiche zwischen zwei weiteren Gruppen oder **Kammern** auf, dem **Repräsentantenhaus** und dem **Senat**

Das Repräsentantenhaus führt neue Steuern ein oder schlägt Änderungen von alten Steuergesetzen vor.

Der Senat muss die Vorschläge des Präsidenten für das Kabinett (und andere Ämter) genehmigen und schließt Abkommen mit anderen Ländern.

Alle Mitglieder des Kongresses werden in den jeweiligen Bundesstaaten gewählt.

Beide Kammern treten im Kapitol in Washington, D. C., zusammen.

*Nicht wirklich von allen. Mehr dazu auf Seite 60.

Was macht der Oberste Gerichtshof?

Er entscheidet, ob neue Gesetze der Verfassung entsprechen oder nicht (siehe Seite 25).

Geführt wird er vom vorsitzenden Richter oder **Chief Justice** und acht beigeordneten Richtern. Ist eine Stelle unbesetzt, beruft der Präsident einen neuen Richter.

Das ist das Gebäude des Obersten Gerichtshofs, ebenfalls in Washington, D. C. In den meisten Ländern befinden sich die Regierungsgebäude in der Hauptstadt.

(Keine) Weiterentwicklung

Im Laufe der letzten 250 Jahre hat das amerikanische System der Gewaltenteilung (bisher) verhindern können, dass eine Einzelperson ihre Macht missbrauchte. Dasselbe System erschwert manchmal jedoch auch die Umsetzung positiver Veränderungen.

Demokratie in Großbritannien

Großbritannien ist eine der ältesten Demokratien in Europa. Offiziell wird es von einem Monarchen (Exekutive) regiert, die tatsächliche politische Macht liegt aber bei der Legislative, dem **Parlament**. Ähnliches gilt auch in Spanien, Norwegen, Schweden und anderen Ländern. So sieht das System Großbritanniens aus:

Monarch

Eine Königin oder ein König beruft das Parlament ein. Er oder sie hat aber tatsächlich keinen Einfluss darauf, was dort passiert.

Parlament

Das britische Parlament besteht aus zwei **Kammern**. Sie debattieren über neue Gesetze und stimmen über sie ab.

Unterhaus (House of Commons)

Die 650 **Abgeordneten** des britischen Unterhauses werden alle fünf Jahre neu gewählt. Sie debattieren über Gesetze und können neue verabschieden sowie alte abschaffen, wenn mehr als die Hälfte der Abgeordneten zustimmt.

Oberhaus (House of Lords)

Über 750 sogenannte **Lords** können Gesetzesänderungen vorschlagen und gegen Gesetze stimmen, die vom Unterhaus verabschiedet wurden. Die meisten Lords werden von Abgeordneten ernannt. Lords werden nicht gewählt.

Regierung und Opposition

Die meisten Abgeordneten gehören einer politischen Partei an (siehe Seite 56). Wenn eine Partei mehr als die Hälfte der Abgeordneten stellt, bildet sie die **Regierung**.

Die Partei mit den zweitmeisten Abgeordneten wird **Opposition** genannt. Sie spricht sich oft gegen die Vorschläge der Regierung aus und verhindert, dass sie tun kann, was immer sie will.

Premierminister

Der Vorsitzende der politischen Partei mit den meisten Abgeordneten wird **Premierminister**, also der mächtigste Politiker im Land.

Kabinett

Der Premierminister ernennt einige Abgeordnete zu **Ministern**. Sie sind für bestimmte Regierungsfragen zuständig, zum Beispiel Gesundheit oder Bildung.

Im Unterhaus

Protokollanten schreiben alles, was gesagt wird, genau auf.

Sprecher

Dieser Abgeordnete leitet das Unterhaus und entscheidet, wer sprechen darf.

Vorderbank

Hier sitzen der Premierminister und andere Kabinettsminister.

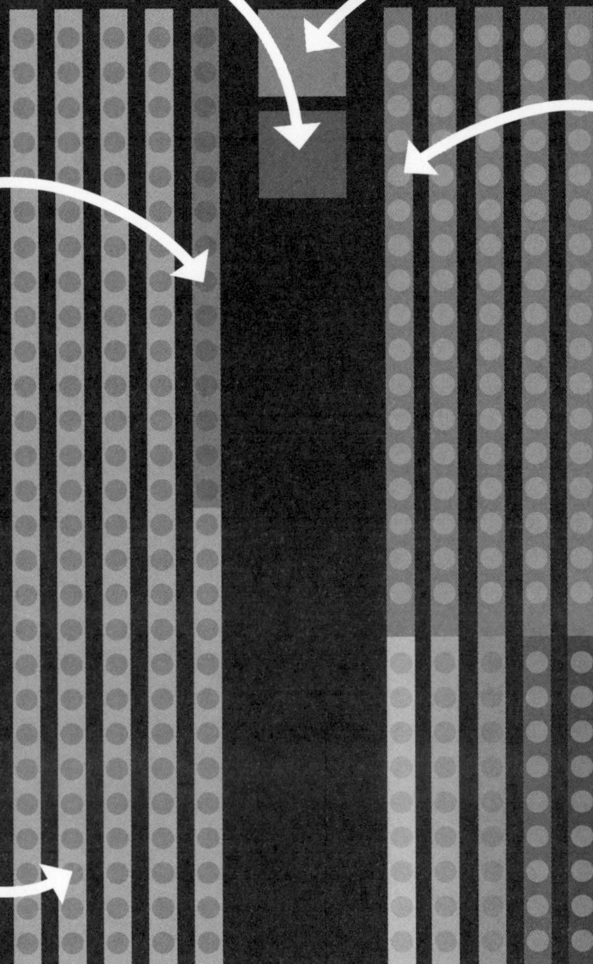

Vorderbank der Opposition

Der Oppositionsführer hat die Aufgabe, den Premierminister herauszufordern, sodass dieser Entscheidungen rechtfertigen muss. So soll sichergestellt werden, dass er oder sie das Land richtig regiert.

Hinterbänkler

Die meisten sogenannten „Hinterbänkler" haben keine besondere Rolle inne. Sie sollen so abstimmen, wie die Parteiführung es möchte (aber sie tun es nicht immer).

Hier sitzen unabhängige Abgeordnete und Angehörige anderer Parteien.

Ja

Wer „Ja" wählt, geht nach rechts.

Ja und Nein

Wenn die Abgeordneten über ein neues Gesetz abstimmen, gehen sie entweder rechts oder links vom Sprecher in einen Gang **(Lobby)**, der hinter die Sitzbankreihen führt.

Nein

Wer „Nein" wählt, geht nach links.

Galerie

Hier sitzen Zuschauer oder Journalisten.

Bei den meisten Debatten sind nur wenige Abgeordnete anwesend. Abgeordnete, die in der Nähe wohnen und arbeiten, werden mit einer elektronischen Glocke zur Abstimmung gerufen.

Führung eines Landes

Regierungen entscheiden, wie ein Land geführt werden soll. Staatsbedienstete oder **Beamte** haben dann die Aufgabe, diese Entscheidungen in die Praxis umzusetzen. Das läuft ungefähr so ab:

Minister oder Staatssekretär

(Kabinettsmitglieder, die für einen bestimmten Bereich zuständig sind, zum Beispiel für Bildung)

Sie haben die Aufgabe, Grundsatzideen, wie etwa die Verbesserung der Schulbesuchsquote, in praktische Vorschläge umzuwandeln.

Beamte

Sie schreiben bestimmte Ideen in einer *Gesetzesvorlage* nieder.

Experten

Wenige Experten helfen beim Verfassen der Vorlage, viele Experten lesen sie und machen Verbesserungsvorschläge.

Beamte

Beamte überarbeiten die Vorlage zu einem *Gesetzesentwurf.*

Parlament

Abgeordnete debattieren über den Entwurf und stimmen ab, ob er als Gesetz übernommen werden soll oder nicht.

Beamte

Wenn der Entwurf als Gesetz angenommen wird, erläutern Beamte allen Schulen die neuen Einzelheiten.

In den Schulen

Tücken im System

Wenn Beamte die täglichen Geschäfte der Regierung ausführen, spricht man von **Bürokratie**. Damit ist „die Herrschaft durch Menschen, die hinter Schreibtischen sitzen" gemeint. In Bürokratien herrschen strenge Regeln zu Fragen wie: Wem wird geholfen? Wie? Und womit? Manchmal braucht man sehr viel Geduld, wenn man in diesem System etwas erreichen will.

Bei zu viel Bürokratie wird häufig gesagt: „Da wiehert der Amtsschimmel." Der Ausdruck geht entweder zurück auf den Begriff *Similereiter*, einer Bezeichnung für Beamte, die nur nach Muster vorgingen, oder darauf, dass in der Schweiz amtliche Akten früher per berittenem Amtsboten zugestellt wurden.

Lokalpolitik

Die politische Berichterstattung in den Medien kümmert sich meist um staatliche Regierungsangelegenheiten. Was die Menschen aber direkt betrifft, spielt sich in vielen Fällen in ihren Wohnorten oder Regionen ab. Hierfür sind die Lokalbehörden zuständig.

Staatliche Regierung

(manchmal auch zentrale Regierung genannt)

- zuständig für Gesetze und Entscheidungen, die das ganze Land betreffen
- Kontrolle und Ausgabe von riesigen Geldsummen

Lokale Regierung

- kann Gesetze erlassen und Entscheidungen treffen, die ein begrenztes Gebiet betreffen, solange dies nicht gegen nationale Gesetze verstößt
- Kontrolle und Ausgabe von kleineren Geldsummen

Bundespolitik

Viele große Länder der Welt, wie die USA, Deutschland, Brasilien und Russland, sind ein **Bundesstaat** oder eine **Bundesrepublik**. Bundesstaat oder auch „föderaler Staat“ bedeutet, dass sich das Land aus verschiedenen, unabhängigen Teilstaaten zusammensetzt. Sie alle haben eine eigene Regierung, folgen aber einem gemeinsamen Staatsrecht. Der Begriff „Republik“ besagt, dass es in dem Land statt eines Monarchen ein gewähltes Oberhaupt gibt, zum Beispiel einen Präsidenten.

Die Bundesrepublik Indien ist mit über einer Milliarde Einwohnern die größte Demokratie der Welt. Trotz dieser enormen Größe haben alle Bürger ihren jeweiligen Vertreter in der Regierung.

Indien ist in 29 *Bundesstaaten* und *Unionsterritorien* unterteilt.

Regierungsebenen

Ein Präsident zeichnet Gesetze und Entscheidungen ab, die von einem zentralen Parlament beschlossen wurden.

Das Parlament besteht aus Volksvertretern, die in landesweiten Wahlen bestimmt wurden.

Der Premierminister leitet das Parlament. Er ist der Vorsitzende der Partei mit den meisten Sitzen.

Jawaharlal Nehru war der erste und der am längsten amtierende Premierminister Indiens (1947–1964).

Bundesstaaten (und die meisten Territorien) haben ihre eigenen Regierungen. Sie setzen sich aus Vertretern zusammen, die aus Wahlen in den einzelnen Staaten hervorgehen.

Die Regierungen der Staaten ziehen Steuern ein und erlassen Gesetze, die nur für ihren Staat gelten.

Die meisten Bundesstaaten sind in kleinere Distrikte unterteilt. Viele von ihnen haben wiederum ihre eigene Regierung.

In manchen Distrikten gibt es sogar noch kleinere Regierungen.

Internationale Politik

Um Kriegen vorzubeugen, schließen die Regierungen verschiedener Länder oftmals **Abkommen** miteinander. In den meisten Vereinbarungen dieser Art geht es jedoch nicht nur um Kriege. Oft erleichtern sie auch den Waren- und Informationsaustausch oder das Reisen zwischen den Ländern. Und manchmal bilden bestimmte Länder sogar internationale Organisationen mit gemeinsamen Zielen und Interessen. Hier einige Beispiele:

Die Vereinten Nationen (UN oder UNO)

Fast alle Länder der Welt gehören den Vereinten Nationen an. Die Mitgliedstaaten verpflichten sich dazu, die Regeln der UN einzuhalten und gemeinsam an der Verwirklichung der globalen Ziele zu arbeiten.

Flagge der UN

Die Abgesandten oder **Delegierten** der einzelnen Mitgliedstaaten arbeiten im UN-Hauptquartier in New York City.

Dolmetscher übersetzen die Reden über Kopfhörer, damit alle sie verstehen können.

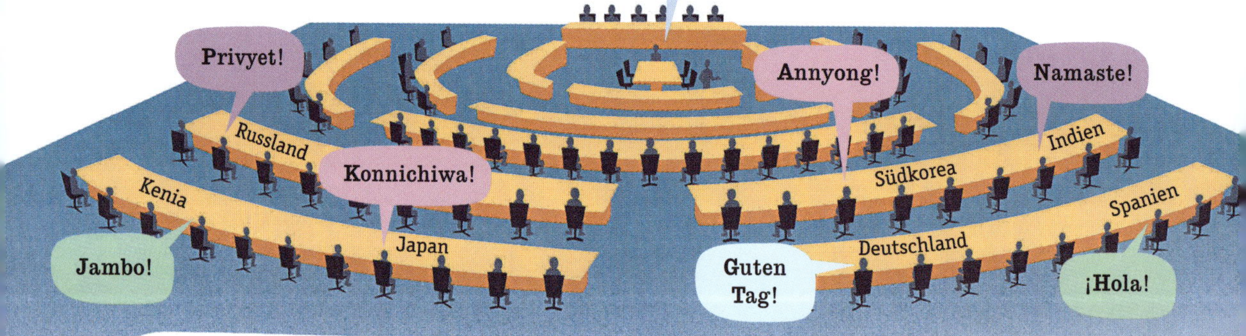

Globale Ziele

- Wahrung des Weltfriedens
- Umweltschutz
- Förderung von Gleichheit und Gerechtigkeit in allen Gesellschaften
- Verteilung von Hilfsleistungen wie Nahrung und Unterkunft nach Naturkatastrophen oder in Kriegsgebieten

Globale Befugnisse

China, Frankreich, Russland, Großbritannien und die USA haben größere Machtbefugnisse als die anderen Staaten. Sie sind die ständigen Mitglieder des **Sicherheitsrats der Vereinten Nationen.**

Wenn alle fünf Länder zustimmen, kann der Sicherheitsrat militärische Maßnahmen gegen ein Land beschließen oder **Sanktionen** verhängen. In letzterem Fall ist es zum Beispiel verboten, mit dem betroffenen Land Handel zu treiben.

Europäische Union (EU)

Die EU ist ein Zusammenschluss der meisten europäischen Länder. EU-Bürger können frei entscheiden, wo sie wohnen, arbeiten und Handel treiben.

Flagge der EU

Die EU hat ihre eigenen politischen Institutionen in Brüssel und in Straßburg. Die Bürger der Mitgliedstaaten wählen Vertreter in das europäische Parlament. Diese stimmen zum Beispiel darüber ab, wofür das Geld ausgegeben werden soll, das jedes Land an die EU zahlt.

Arabische Liga

Dieser Staatenbund, dem die meisten Länder im Nahen Osten und in Nordafrika angehören, fördert die gegenseitigen Beziehungen und die gemeinsame Nutzung von Ressourcen.

Flagge der Arabischen Liga

Nordatlantikpakt (NATO)

Die meisten Länder Nordamerikas und Europas gehören diesem militärischen Bündnis an. Es dient der gegenseitigen Verteidigung und der gemeinsamen Nutzung von Ressourcen, einschließlich Waffen.

Flagge der NATO

Afrikanische Union

Dieser Zusammenschluss der meisten Länder Afrikas fördert Einheit und Frieden und sorgt für ein internationales Handelssystem.

Flagge der Afrikanischen Union

Ein zweites Zuhause

Die meisten Regierungen entsenden sogenannte **Botschafter** in andere Länder, die dann dort wohnen und arbeiten. Ihre Aufgabe ist es, mit den Regierungen vor Ort zu verhandeln.

Eine Welt ohne Systeme?

Manche Menschen sind der Meinung, dass es allen viel besser ginge, wenn es überhaupt kein politisches System gäbe. Das bezeichnet man als **Anarchie**. Was denkst du?

Eine perfekte Welt

Denker oder **politische Philosophen** stellen politische Systeme in Frage und entwickeln neue Ideen als politische Grundlage für eine Gesellschaft. Hier sind ein paar berühmte Beispiele aus aller Welt und aus verschiedenen Zeiten.

Das Volk braucht einen König, der als gutes Vorbild vorangeht. Ist der König ehrlich und anständig, so ist es auch das Volk.

Konfuzius, China
5. Jahrhundert v. Chr.

Die meisten Menschen sind dumm und selbstsüchtig. Ein ideales System bedarf eines starken, weisen Führers, der unsere Gemeinschaft regelt.

Platon, Athen
4. Jahrhundert v. Chr.

Eine Regierung kann definiert werden als „eine Institution, die der Ungerechtigkeit vorbeugt, abgesehen von den Ungerechtigkeiten, die sie selbst begeht …“

Ibn Chaldūn, Nordafrika
14. Jahrhundert

Die Menschen brauchen starke Regierungen mit strengen Gesetzen, sonst vernichten wir uns alle gegenseitig.

Thomas Hobbes,
England
17. Jahrhundert

Auch wenn die Menschen nicht allen Gesetzen ihres Landes zustimmen, so sind sie doch frei, da sie das Gesamtsystem der Gesetze frei wählen.

Jean-Jacques Rousseau,
Frankreich
18. Jahrhundert

Die gerechteste Form der Regierung muss sich danach richten, was für die meisten Menschen nützlich ist, und danach handeln, auch wenn es *einigen* Menschen schadet.

Jeremy Bentham,
England
19. Jahrhundert

Es ist nicht so, dass die Menschen Rechte haben, weil Könige und Gesetze es so wollen. Alle Menschen, ganz gleich wer sie sind, haben Rechte, weil sie *Menschen* sind.

Thomas Paine,
England/USA
18. Jahrhundert

Es ist schön und gut, wenn wir sagen: „Alle Menschen haben Rechte.“ In der Realität brauchen wir jedoch Gesetze, die die Rechte unterdrückter Menschen schützen.

Hannah Arendt,
Deutschland/USA
20. Jahrhundert

3. Kapitel
Wahlen und Wahlsysteme

Regierungen bleiben nicht für ewige Zeiten an der Macht, auch wenn manche das gerne so hätten. In einer Demokratie können wir eine Regierung in **öffentlichen Wahlen** abwählen, wenn wir mit ihrer Arbeit nicht zufrieden sind. Gäbe es diese Möglichkeit nicht, dann könnte sie tun und lassen, was sie will – und das ohne jegliche Konsequenzen.

Wahlen

Bei den meisten Wahlen melden sich die Bewerber für ein Amt selbst als **Kandidaten**. Man sagt: Sie stellen sich zur Wahl.

Bei manchen Wahlen übernimmt der Wahlsieger die Führung über das gesamte Land, bei anderen werden Kandidaten gewählt, die für ein kleineres Gebiet zuständig sind.

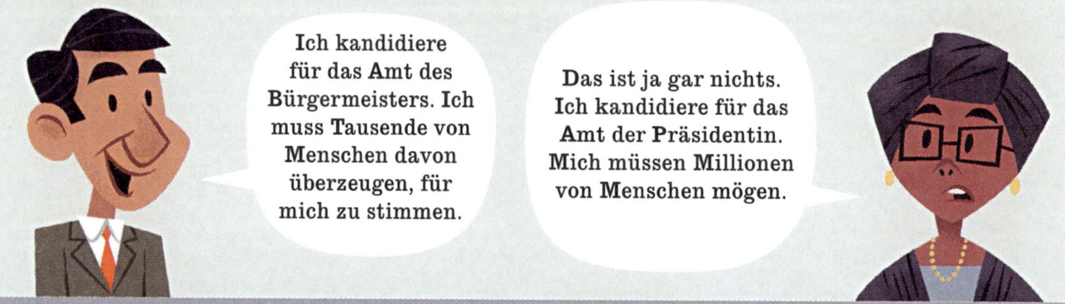

Kandidaten stehen in der Regel als Mitglied einer **politischen Partei** zur Wahl. Eine Partei ist eine Gruppe von Bürgern mit denselben Zielen und Werten. Sie will die Führung einer staatlichen oder lokalen Regierung übernehmen.

Hier sind die Parteien einiger Länder:

Asien

Indien: Bharatiya Janata Partei, Indischer Nationalkongress

Japan: Demokratische Partei, Liberaldemokratische Partei

Südkorea: Gemeinsame Demokratische Partei, Freiheitspartei Koreas

Europa

Frankreich: Sozialistische Partei, Die Republikaner, La République en Marche

Deutschland: Sozialdemokratische Partei Deutschlands (SPD), Christlich Demokratische Union (CDU)

Großbritannien: Arbeiterpartei, Konservative Partei, Liberaldemokraten

Afrika

Südafrika: Afrikanischer Nationalkongress, Demokratische Allianz

Ghana: Nationaldemokratischer Kongress, Neue Patriotische Partei

Algerien: Nationale Befreiungsfront, Nationale Demokratische Sammlung

Nord- und Südamerika

Argentinien: Peronistische Partei, Radikale Bürgerunion

USA: Republikanische Partei, Demokratische Partei

Mexiko: Partei der Institutionalisierten Revolution, Partei der Demokratischen Revolution

In Deutschland werden die Parteien meist durch Farben repräsentiert. Rot ist die Farbe der SPD, Schwarz die Farbe der CDU, Grün die Farbe von Bündnis 90/Die Grünen und Gelb die Farbe der Freien Demokraten (FDP).

Vor einer Wahl sind die Kandidaten und ihre Parteien damit beschäftigt, die Stimmen der Wähler zu gewinnen. Das nennt man **Wahlkampf**. Üblicherweise stellen die Parteien dafür ein **Wahlprogramm** auf. Es enthält die Ziele, die sie bei einem Wahlsieg erreichen wollen.

Nach Auszählung der Stimmen wird der Wahlsieger bekanntgegeben und der gewählte Kandidat tritt sein Amt als Politiker an. Manchmal vergehen jedoch einige Monate bis zum tatsächlichen Amtsantritt.

Wen soll ich wählen?

Wähler haben ganz verschiedene Gründe für ihre Wahlentscheidung. Manchmal entscheiden sie sich für einen *bestimmten Kandidaten.* Vielleicht hat er etwas Besonderes getan oder versprochen – oder es liegt an etwas ganz anderem.

Oftmals entscheiden sich Wähler aber auch für eine *politische Partei* und stimmen bei jeder Wahl für sie. Jeder hat seine ganz persönlichen Gründe.

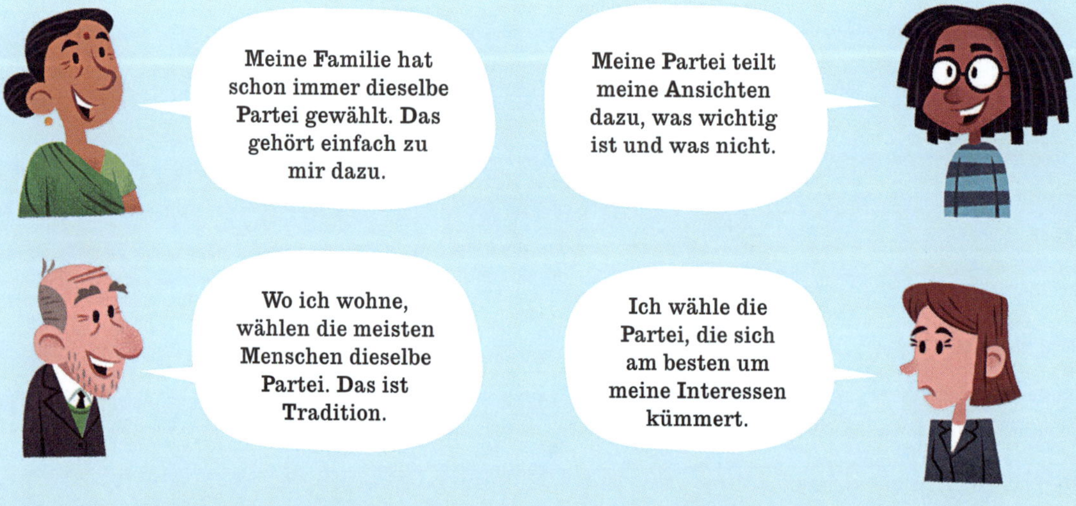

Menschen, die bei jeder Wahl für eine andere Partei stimmen, bezeichnet man als **Wechselwähler.**

Vielleicht hast du schon einmal gehört, dass Politiker oder Parteien und Menschen als *links* oder *rechts* eingestuft werden oder dass sie sich selbst als links- oder rechtspolitisch bezeichnen. Manche Menschen sind aber der Meinung, dass diese Einordnung altmodisch ist.

Gängige linke Ideen

Bürger sollten viele Steuern bezahlen, vor allem reiche Leute.

Die Regierung kann Dinge wie das Gesundheits- und Verkehrswesen am besten regeln.

Die Regierung soll Gesetze zum Schutz schwächerer Menschen und Gruppen in der Gesellschaft erlassen.

Die Gesellschaft muss sich ändern und gerechter werden.

Gängige rechte Ideen

Steuern sollten niedrig sein.

Einzelpersonen und Unternehmen können ihr eigenes Leben besser regeln als die Regierung.

Die Regierung soll sich nicht zu stark in das Leben der Bürger einmischen.

Traditionelle Werte sind wichtig und schneller sozialer Wandel kann schädlich sein.

Viele Menschen liegen mit ihren Ansichten irgendwo in der Mitte oder stimmen mit einigen linken sowie einigen rechten Ideen überein. Und viele Parteien passen überhaupt nicht in diese beiden Kategorien. (Mehr dazu findest du im 5. Kapitel.)

Politische Parteien verändern sich mit der Zeit. Manchmal spalten sie sich auch in mehrere neue Parteien auf, wenn die Meinungsverschiedenheiten zu groß sind.

Sogenannte **Ein-Punkt-Parteien** konzentrieren sich auf eine einzige bestimmte Problematik, zum Beispiel den Umweltschutz.

Wer kann wählen und wer nicht?

Wählen darf nur, wer im **Wählerverzeichnis** eingetragen ist. Die meisten volljährigen Staatsbürger und auch manche Nicht-Staatsbürger sind wahlberechtigt.

Ein **Staatsbürger** ist jemand, der in dem Land geboren wurde oder der nach einer gewissen Aufenthaltsdauer offizieller Staatsbürger geworden ist.

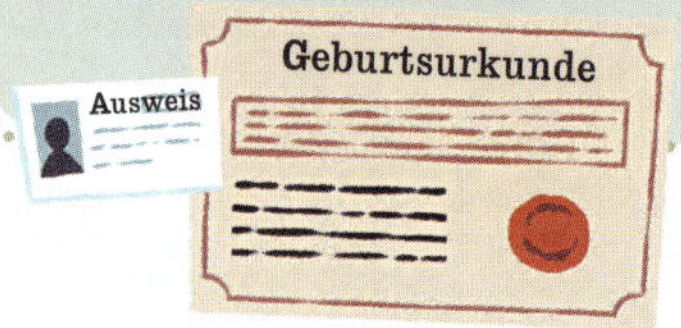

Ich bin volljährig. Kann ich bei der nächsten Wahl wählen?

Bist du Staatsbürger des Landes, in dem du lebst?

NEIN → Ist es eine Parlamentswahl?

JA → Du kannst eventuell bei Kommunalwahlen wählen. Gehörst du dem Militär an?

Ist es eine Parlamentswahl?

JA → Bedaure! In den meisten Ländern dürfen nur Staatsbürger bei Parlamentswahlen wählen. (*Eventuell* darfst du bei Kommunalwahlen abstimmen.)

NEIN → Du kannst eventuell bei Kommunalwahlen wählen. Gehörst du dem Militär an?

Gehörst du dem Militär an?

JA → Je nachdem, wo du wohnst, könnte das problematisch sein. In Ländern wie Ägypten und Venezuela sind Angehörige des Militärs nicht wahlberechtigt.

NEIN → Bist du im Gefängnis?

Es wird befürchtet, dass Soldaten, die sich politisch engagieren, die Macht übernehmen könnten.

Bist du im Gefängnis?

JA → Bedaure! In Ländern wie Russland und Großbritannien dürfen Gefängnisinsassen nicht wählen.

NEIN → Warst du *jemals* wegen einer Straftat im Gefängnis?

JA → Oje! In manchen Ländern, zum Beispiel in den USA, bist du für den Rest deines Lebens von Wahlen ausgeschlossen.

NEIN → Glückwunsch! Du bist wahlberechtigt. Es sei denn, jemand versucht, dich daran zu hindern (siehe Seite 64 und 65).

In manchen Ländern, wie etwa Australien, verstoßen Wahlberechtigte gegen das Gesetz, wenn sie NICHT zur Wahl gehen. Sie müssen unter Umständen eine Geldbuße zahlen.

Wie alt muss man sein?

In den meisten Ländern darfst du erst wählen, wenn du *mindestens* 16 Jahre alt bist. In der Regel beträgt das Wahlalter 18 Jahre.

Wahlrecht (nicht ganz) für alle

Viele Menschen mussten lange und hart für ihr Wahlrecht kämpfen. Frauen zum Beispiel war es lange untersagt, an Wahlen teilzunehmen. Hier siehst du, welche Regierungen in welchen Ländern den Frauen und anderen nicht wahlberechtigten Gruppen zuerst das Stimmrecht erteilten.

1800er-Jahre

In Demokratien des 19. Jahrhunderts musste man Grundstücksbesitzer sein, um wählen zu dürfen. Und man musste ein Mann sein. Nur einigermaßen wohlhabende Männer konnten also ihre Stimme abgeben.

Mitte der 1800er-Jahre wurde diese Regelung in den meisten Ländern aufgehoben. In Frankreich durfte der Großteil der Männer, ob reich oder arm, ab 1848 wählen. Französische Frauen mussten noch fast 100 Jahre länger warten.

1893 Neuseeland

Als *erstes Land der Welt* gab Neuseeland allen Erwachsenen (einschließlich Frauen) das Wahlrecht.

1906 Finnland

Als *erstes Land in Europa* schickte Finnland die Frauen zur Wahl. Frauen konnten nicht nur wählen, sie konnten sich auch wählen lassen.

1929 Ecuador

Ecuador war das *erste Land in Südamerika*, in dem Frauen zur Wahl gehen durften.

1931 Sri Lanka

(bis 1972 Ceylon genannt)

Als *erstes Land in Asien* verlieh Sri Lanka Frauen das Wahlrecht. Sri Lanka war auch das erste Land, in dem eine Frau zur Präsidentin gewählt wurde. Das war 1960.

Suffragetten

Frauen, die im 19. und 20. Jahrhundert für das Frauenwahlrecht stritten, wurden **Suffragetten** genannt. Sie kämpften mit verschiedenen Mitteln: Manche ketteten sich an die Gitterstäbe vor den Häusern von Politikern, andere schlugen Fensterscheiben ein und wieder andere legten Bomben.

Frauen im Krieg

Während der beiden Weltkriege übernahmen Frauen viele „typisch männliche" Berufe, da die Männer in den Krieg ziehen mussten. Das ließ auch die Forderungen nach dem Frauenwahlrecht lauter werden. In **Deutschland** erhielten Frauen 1918 das Wahlrecht, in **Großbritannien** 1928. In **Frankreich** mussten sie bis 1944 warten.

1945 Senegal und Togo

Diese beiden waren die *ersten Länder in Afrika,* die Frauen das Wahlrecht gaben. Die Kandidaten standen jedoch unter französischer Herrschaft, da beide Länder zu der Zeit **Kolonien** waren.

Dekolonisation

Nach dem Zweiten Weltkrieg erlangten einige Länder, die bisher unter fremder Herrschaft standen, ihre staatliche Unabhängigkeit. Dieser Prozess heißt **Dekolonisation** oder Dekolonisierung.

1947 Pakistan, **1950** Indien

Indien und Pakistan standen beide bis 1947 als Teil des Britischen Weltreichs unter britischer Herrschaft. Danach wurden sie getrennte, unabhängige Staaten und führten kurz darauf das Wahlrecht für Frauen ein.

Rassismus und Wahlrecht

In vielen Ländern waren die Mitglieder bestimmter ethnischer Gruppen im Laufe der Geschichte von Wahlen ausgeschlossen, zum Beispiel Afroamerikaner oder amerikanische Ureinwohner in den USA. Der weltweite Kampf für ein Wahlrecht für alle war lang und hart, unabhängig von Hautfarbe und Rasse.

1960 Kanada

Angehörige der *First Nations,* also Nachfahren der Ureinwohner, bekamen erst 1960 das Stimmrecht.

1965 USA

Theoretisch erhielten afroamerikanische Männer im 19. Jahrhundert das Wahlrecht. Afroamerikanische Frauen waren ab 1928 wahlberechtigt. In einigen Landesteilen sorgten Rassengesetze jedoch dafür, dass schwarze Bürger trotzdem nicht wählen konnten. Das Wahlrechtsgesetz von 1965 sollte sie in allen Teilen des Landes schützen.

1967 Australien

Die Aborigines (die Ureinwohner Australiens und der umliegenden Inseln) erhielten 1967 endlich das Wahlrecht, viele Jahre nach dem Rest der Bevölkerung.

Nelson Mandela wurde bei den ersten vollständig demokratischen Wahlen in Südafrika zum Präsidenten gewählt.

1994 Südafrika

Nach dem Ende des rassistischen Systems der **Apartheid**, das weißen Südafrikanern mehr Rechte garantierte, erhielten auch schwarze Bürger das Wahlrecht für Parlamentswahlen.

Probleme beim Wählen

Für die meisten Erwachsenen ist das Wählen ein einfacher und müheloser Vorgang – es kann aber auch kompliziert werden. Probleme wie die folgenden sind aber selten und in den meisten Ländern gesetzeswidrig.

Sichere Wahlen

Damit Wahlen frei, sicher und gerecht sind, wird in den meisten Ländern geheim gewählt. Außerdem gibt es in manchen Gegenden sogenannte **Wahlbeobachter**.

Geheime Wahl

Wenn eine Wahl vollständig anonym ist und dein Name nicht auf dem Stimmzettel steht, kann man dich nur schwer bedrohen oder anders davon überzeugen, eine bestimmte Person oder Partei zu wählen. Niemand kann herausfinden, wen du gewählt hast.

Wahlbeobachter

Wahlbeobachter gehen in die Wahllokale oder dorthin, wo die Stimmen ausgezählt werden. Sie stellen sicher, dass die Wahlen korrekt ablaufen und dass niemand das Ergebnis fälscht. Manchmal gehören sie internationalen Organisationen an, wie zum Beispiel der Organisation für Sicherheit und Zusammenarbeit in Europa (OSZE).

Wachsame Medien

Wenn Journalisten die Regierungen, Politiker und andere politische Anführer wachsam beobachten, können sie mitunter die Beeinflussung oder Verfälschung von Wahlergebnissen aufdecken und an die Öffentlichkeit bringen.

So fanden in den 1970er-Jahren Journalisten in den USA heraus, dass der amerikanische Präsident Richard Nixon seine Gegenkandidaten während des Wahlkampfs ausspioniert hatte. Er musste zurücktreten und eine neue Wahl wurde angesetzt.

Auch gewöhnliche Bürger können über soziale Netzwerke Informationen über gesetzeswidrige oder unmoralische Wahlaktivitäten, wie beispielsweise Einschüchterung von Wählern oder Bestechung, verbreiten.
Mehr über Medien und Politik findest du auf den Seiten 108 und 109.

Wahlsysteme

Jedes Land verfügt über ein **Wahlsystem**. Dieses System legt fest, wie viele Vertreter eine Partei nach einer Wahl stellen darf und wie die Regierung gebildet wird. Es gibt drei grundlegende Systeme: Verhältniswahl, absolute Mehrheitswahl und relative Mehrheitswahl.

Verhältniswahl

Die **Verhältniswahl** ist weltweit das geläufigste Wahlsystem für Parlamentswahlen. Jede politische Partei gewinnt einen Anteil der verfügbaren **Sitze** im Parlament oder in der Volksvertretung des Landes. Dieser Anteil entspricht dem Anteil der Stimmen, die die Partei erhalten hat.

Über 90 Länder verwenden eine Form des Verhältniswahlrechts für ihre Parlamentswahlen. Dazu gehören Deutschland, Schweden, Italien, Südafrika und Japan.

Nehmen wir an, es gibt eine Bundestagswahl und vier Parteien bewerben sich um 500 Sitze. Die Ergebnisse sehen wie folgt aus:

Nach dem Verhältniswahlrecht erhalten die Parteien von den 500 Sitzen so viele:

In der Realität ist es oft etwas komplizierter. Die meisten Länder legen eine Mindestgrenze fest, eine sogenannte **Sperrklausel**. Liegt diese Grenze bei fünf Prozent der Stimmen und eine Partei bleibt unter dieser **Fünf-Prozent-Hürde**, bekommt sie überhaupt keine Sitze. Die verbleibenden Sitze werden den größeren Parteien zugeteilt, meist anhand einer bestimmten mathematischen Formel.

Minderheitsregierungen

Gewinnt eine Partei mehr als die Hälfte aller Sitze, kann sie eine Regierung bilden. Unter dem Verhältniswahlrecht kommt das jedoch selten vor. Es ist nicht leicht für eine Partei, eine Regierung zu formen oder zumindest eine Regierung, die sich auf etwas einigen kann.

Würde beispielsweise die rote Partei eine Regierung bilden, könnten die anderen Parteien sich zusammenschließen, um sie am Erlassen eines neuen Gesetzes zu hindern.

Eine Regierung mit weniger als 50 Prozent der Sitze heißt **Minderheitsregierung**. Eine solche Regierung ist nicht besonders effektiv. Aber es gibt noch eine andere Möglichkeit.

Koalitionen

Die geläufigste Form der Regierung unter dem Verhältniswahlrecht ist die sogenannte **Koalition**, eine Regierung, deren Vertreter zwei oder mehr Parteien angehören.

Parteien koalieren manchmal mit anderen Parteien, mit denen sie viele Gemeinsamkeiten haben.

Bei der Bildung einer Koalition müssen in der Regel Vereinbarungen getroffen und Kompromisse geschlossen werden. Es gibt auch Koalitionen zwischen Parteien, die in vielen Dingen *nicht* übereinstimmen.

Relative und absolute Mehrheitswahl

Neben der Verhältniswahl gibt es andere Systeme, wie etwa die **relative** und die **absolute Mehrheitswahl.** Rund 80 Länder – darunter die USA, Kanada, Großbritannien, Frankreich, Nigeria und Indien – nutzen eines dieser Systeme.

Relative Mehrheit

Wer die meisten Stimmen erhält, gewinnt, selbst wenn es nur eine Stimme mehr ist.

Beispiel: Parlamentswahlen in Großbritannien

Absolute Mehrheit

Der Sieger benötigt eine Mehrheit, also mehr als 50 Prozent der Stimmen. Bei mehr als zwei Parteien bedeutet das in der Regel mehrere Wahldurchgänge.

Beispiel: Präsidentschaftswahlen in Frankreich

Beim Verhältniswahlrecht können mehrere Vertreter gleichzeitig gewählt werden, beim relativen und beim absoluten Mehrheitswahlrecht hingegen gibt es pro Wahldurchgang immer nur einen Wahlsieger. Das Mehrheitswahlrecht eignet sich daher gut für Wahlen, aus denen ein Gewinner hervorgehen soll, wie zum Beispiel Präsidentschaftswahlen.

Stell dir vor, ein Land will einen neuen Präsidenten wählen. Drei Kandidaten aus drei Parteien haben sich zur Wahl gestellt und diese Stimmanteile erhalten (in Prozent):

Welches System ist das beste?

Kein Wahlsystem ist perfekt, sie alle haben Vor- und Nachteile.
Hier findest du einige Argumente für und gegen die einzelnen Systeme:

Relative Mehrheitssysteme sind am besten, da es in der Regel nicht zu Minderheitsregierungen und Koalitionen kommt. Für eine Regierung ist es einfacher, Entscheidungen zu treffen, wenn alle Vertreter einer einzigen Partei angehören.

Es mag vielleicht einfacher sein, aber relative Mehrheitssysteme sind oftmals unfair. Die *meisten* Wähler geben ihre Stimme für eine der unterlegenen Parteien ab, sodass viele Stimmen im Grunde vergeudet werden und nur wenige Menschen mit dem Ergebnis zufrieden sein können.

Tja, dieses Problem kann mit der **absoluten Mehrheitswahl** gelöst werden. Der Sieger erhält immer über 50 Prozent der Stimmen. Mindestens 50 Prozent der Wähler bekommen also den Kandidaten, zu dessen Wahl sie beigetragen haben, auch wenn es nicht ihr bevorzugter Kandidat war.

Trotzdem ist es ungerecht für die Wähler, die ihre Stimme kleineren Parteien geben. Sie werden nie vertreten! Beim **Verhältniswahlrecht** ist eine Stimme für eine kleine Partei nicht automatisch vergeudet.

Das kann auch eine gute Sache sein. Manchmal haben kleine Parteien gefährliche und extreme Ansichten.

Naja, große Parteien können auch gefährliche Ansichten haben, insbesondere für Angehörige von Minderheitengruppen, wie zum Beispiel Migranten*.

Unter dem Verhältniswahlrecht ist es aber überhaupt nicht einfach, gewählte Vertreter für ihre gefährlichen Ansichten oder Aktionen verantwortlich zu machen. In der Regel werden ja keine individuellen Kandidaten gewählt. Es ist auch schwieriger, Politiker abzuwählen, die Schlechtes tun oder sagen.

Ja, aber die *Partei* muss doch ihre Vertreter zur Verantwortung ziehen. Dafür ist es manchmal noch nicht einmal nötig, bis zur nächsten Wahl zu warten!

Okay, aber damit überlässt du viele Dinge in deinem System den Parteien. Es ist alles ziemlich kompliziert und jedes System hat seine Eigenheiten. Beim Mehrheitswahlrecht wählst du Einzelpersonen und am Ende gibt es einen Sieger. Schluss aus.

*Siehe Seite 110 bis 113.

4. Kapitel Politische Veränderungen

Vielleicht musst du bis zur nächsten Wahl warten, um eine Regierung abzuwählen, die du nicht magst. Neben Wahlen gibt es aber auch andere Wege für politische Veränderungen.

Du kannst versuchen, einen Politiker umzustimmen, was ein bestimmtes Thema angeht. Oder du kannst ihn davon überzeugen, dass er bei der nächsten Wahl viele Stimmen verliert, wenn er so weitermacht wie bisher. Du kannst zum Beispiel einen Brief an deinen politischen Vertreter schreiben oder eine Demonstration organisieren.

In extremen Fällen, etwa während einer Diktatur, greifen die Menschen manchmal zu drastischeren und weniger friedlichen Methoden, um einen politischen Wandel herbeizuführen.

Interessenvertretungen

Zwischen den Wahlen sind verschiedene **Interessenvertretungen** zugange. Sie wollen die Regierung oder andere Volksvertreter davon überzeugen, neue Gesetze zu erlassen oder bestehende zu verändern. Hier sind einige Beispiele:

Interessengruppen

Konzentrieren sich auf die Bedürfnisse einer bestimmten Bevölkerungsgruppe. Mitglieder müssen in der Regel einen bestimmten Beruf oder eine bestimmte Position haben.

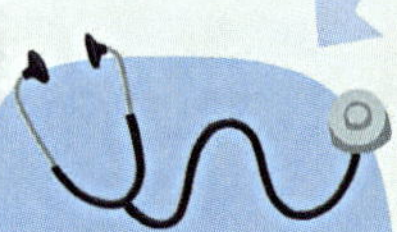

Fachverbände (Anwälte, Ärzte usw.)

Industrieverbände, wie zum Beispiel die Tabak- oder Automobilindustrie

Gewerkschaften vertreten die Interessen der Arbeiter und Angestellten einer bestimmten Berufsgruppe, zum Beispiel Lehrer oder Metallarbeiter.

Zweckgruppen

Sie konzentrieren sich auf etwas, das die gesamte Gesellschaft betrifft. Jeder kann sich engagieren.

Natur- und Umweltschutzgruppen, die zum Beispiel gegen den Klimawandel kämpfen

WWF

Greenpeace

Organisationen zur Armutsbekämpfung

Brot für die Welt

Oxfam

Wahlrechtsgruppen, die das Wahlsystem ändern wollen

Menschenrechtsgruppen, die sich zum Beispiel für Meinungsfreiheit oder gegen unrechtmäßige Inhaftierung einsetzen

Kinder in Not

Amnesty International

Interessenvertretungen können etwas erreichen, indem sie …

- Proteste organisieren (siehe Seite 74)
- Unterschriften sammeln
- Anwälte beauftragen, die Gesetze anfechten
- Anzeigen schalten, um ihre Botschaft zu verbreiten und Anhänger zu werben
- Prominente, die ihre Ansichten teilen, als Fürsprecher gewinnen
- Treffen mit Politikern organisieren, um diese direkt zu beeinflussen
- die Medien überzeugen, sich für ihre Botschaft einzusetzen

Lobbyarbeit

Die Bemühungen, Einfluss auf die Entscheidungen von Abgeordneten zu nehmen, werden oft als **Lobbyarbeit**, Lobbyismus oder Lobbying bezeichnet. Der Begriff geht vermutlich auf das englische Wort *lobby* zurück, die Vorhalle des britischen Parlaments, in der sich die Parlamentarier vor Debatten treffen und sich unterhalten.

Interessenvertretungen können professionelle Lobbyisten beauftragen. Je mehr Geld sie für das Lobbying ausgeben können, umso mehr Erfolg haben sie oft auch. Lobbyarbeit ist also keine faire Angelegenheit.

Wenn eine Interessenvertretung sehr reich und mächtig ist, ist sie unter Umständen *antidemokratisch*. Die Regierung handelt dann vielleicht im Sinne einer kleinen Gruppe – und das ist nicht unbedingt im Interesse der meisten Wähler.

Wehrt euch! Protestiert!

Wenn du glaubst, deine Regierung macht etwas falsch, kannst du deine Meinung durch **öffentlichen Protest** kundtun, zum Beispiel bei einer Demonstration oder Protestaktion. Das sind Versammlungen vieler Menschen, die ihre Botschaft laut und deutlich verkünden. Hier findest du einige berühmte Beispiele aus den letzten 100 Jahren:

Für Wahlrecht und Arbeit!

Wann und wo: 1960er-Jahre in den USA
An vielen Orten mussten schwarze Bürger getrennt von weißen Bürgern leben, als Menschen zweiter Klasse. Aus vielen Protesten dagegen entstand die Bürgerrechtsbewegung.

Protest: Marsch auf Washington, 1963

Was geschah weiter: Die Bürgerrechtsbewegung führte zum Wahlrechtsgesetz von 1965 (siehe Seite 63) und anderen Gesetzen zur Aufhebung der Diskriminierung von Afroamerikanern.

Bewegung

Einmalige Protestmärsche bewirken selten eine Veränderung. Führt ein erster Protest jedoch zu weiteren Protesten und schließen sich Menschen zu Gruppen zusammen, um sich für eine Sache einzusetzen, spricht man manchmal von einer Bewegung.

Wenn viele Menschen protestieren und dabei von einem Ort zu einem anderen gehen, nennt man das einen **Protestmarsch.**

Manche weigern sich auch, einen bestimmten Platz zu verlassen. Sie stellen sich beispielsweise vor eine Planierraupe, um den Abriss eines Gebäudes zu verhindern.

ACHTUNG! Proteste enden nicht immer glimpflich. Manchmal wendet die Polizei Gewalt an, um sie aufzulösen. In einigen Ländern ist das Protestieren eine Straftat. Auch Demonstranten werden hin und wieder gewalttätig.

Wir wollen Unabhängigkeit!

Wann und wo: 1930er-Jahre in Indien, das unter britischer Herrschaft stand

Protest: Um gegen die Salzsteuer der Briten zu protestieren, führte Mahatma Gandhi einen Protestmarsch zum Meer, um dort aus Meerwasser Salz zu gewinnen. Salz zu gewinnen war ein Akt **zivilen Ungehorsams**, das heißt, ein Verstoß gegen ein Gesetz aus Protest.

Was geschah weiter: Gandhi wurde verhaftet, aber bald wieder freigelassen. Nach vielen Jahren des Protests erlangte Indien schließlich seine Unabhängigkeit.

Gebt uns Demokratie!

Wann und wo: 1980er-Jahre im kommunistischen China

Protest: Im Jahr 1989 hielten Studenten prodemokratische Demonstrationen auf dem Tian'anmen-Platz, dem Platz des Himmlischen Friedens, im Zentrum von Peking ab.

Was geschah weiter: Die kommunistische Regierung schickte Panzer auf den Platz und viele Demonstranten wurden getötet. China wurde nicht zur Demokratie, übernahm aber im Laufe der Zeit das wirtschaftliche System des **Kapitalismus** (siehe Seite 86 und 87).

Trotz der Erfolge der Bürgerrechtsbewegung in den 1960er-Jahren leiden viele Afroamerikaner in den USA noch immer unter einer ungleichen Behandlung. Die Bewegung **Black Lives Matter** (Schwarze Leben zählen) setzt sich derzeit gegen Polizeigewalt gegen schwarze Bürger und andere Formen der Diskriminierung ein.

Revolution!

Wenn die Bürger eines Landes der Regierung die Macht entreißen, spricht man von einer Revolution. Manche Revolutionen laufen gewalttätig ab, manche auch ganz friedlich.

Gebrauchsanweisung für eine Revolution

Zunächst brauchst du eine unbeliebte Regierung. Meist ist sie undemokratisch und lässt sich schwerlich auf andere Weise beseitigen. Zum Beispiel …

Iran, 1970er-Jahre

Der äußerst unbeliebte Schah wurde 1979 gestürzt.

Außerdem sollte es eine akute Krise (oder mehrere) geben, die die Menschen so zornig macht, dass sie die gegenwärtige Situation nicht mehr ertragen. Zum Beispiel …

Frankreich, 1780er-Jahre

Die Französische Revolution begann im Jahr 1789. König Ludwig XVI. wurde entmachtet und 1793 hingerichtet.

Dann benötigst du noch Menschen, die sich gegen die Regierung erheben wollen und für Veränderungen sogar ihr Leben riskieren.

Kuba, 1953: Revolutionsführer Fidel Castro führte eine Gruppe von Rebellen gegen die Regierung an.

Viele von ihnen starben oder wurden gefangen genommen und gefoltert. Andere jedoch kämpften weiter. 1959 hoben Castros Kämpfer die Regierung schließlich aus dem Amt.

Und dann?

Für den Erfolg einer Revolution ist es von Vorteil, wenn das Militär oder die Polizei sich auf die Seite der Revolutionäre stellt. Zum Beispiel …

Tunesien, 2010–11

Als die Bürger während der Revolution in Tunesien gegen den Präsidenten protestierten, weigerte sich die Armee, auf sie zu schießen.

Die Revolution dauerte noch rund zwei Monate, bis der diktatorähnliche Präsident abgelöst wurde.

Oftmals gibt es einen charismatischen Anführer, der die Menschen dazu bringen kann, sich zu erheben und ihr Leben aufs Spiel zu setzen. Zum Beispiel:

Toussaint Louverture
(Haitianische Revolution, 1790er-Jahre)

Emiliano Zapata
(Mexikanische Revolution, 1910er-Jahre)

Wladimir I. Lenin
(Russische Revolution, 1917)

Die Menschen müssen außerdem wissen, was auf die alte Regierung folgen soll. Demokratie? Kommunismus? Theokratie?

Tunesische Bürger in der Warteschlange bei den Präsidentschaftswahlen 2014

Neue Demokratien können manchmal zerbrechlich sein.

Was kann ich tun?

Wo soll man bloß anfangen, wenn man als Einzelner die Welt verbessern will? Probleme wie Armut, Obdachlosigkeit und Umweltverschmutzung erscheinen wie riesige, unlösbare Aufgaben. Es gibt aber vieles, was du tun kannst, selbst wenn du noch nicht alt genug zum Wählen bist. Mit Freunden und Familie über Politik zu reden, kann die Welt bereits verändern, weil es die Denkweise der Menschen verändern kann.

All das kannst du tun:

Schreibe …

… an deinen zuständigen politischen Vertreter und an Journalisten über Dinge, die dir wichtig sind. Ermutige auch deine Freunde, dies zu tun.

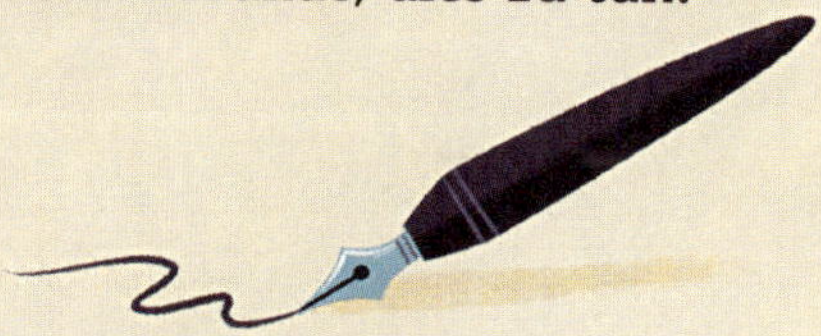

Kandidiere …

… für ein Jugendparlament, in das Kinder und Jugendliche gewählt werden und in dem es insbesondere um Fragen geht, die junge Leute betreffen. Regiert wird zwar nicht, Regierungen bitten aber manchmal um die Meinung dieser Organisationen. Es ist auch eine gute Vorbereitung, falls du später mal in die Politik gehen möchtest.

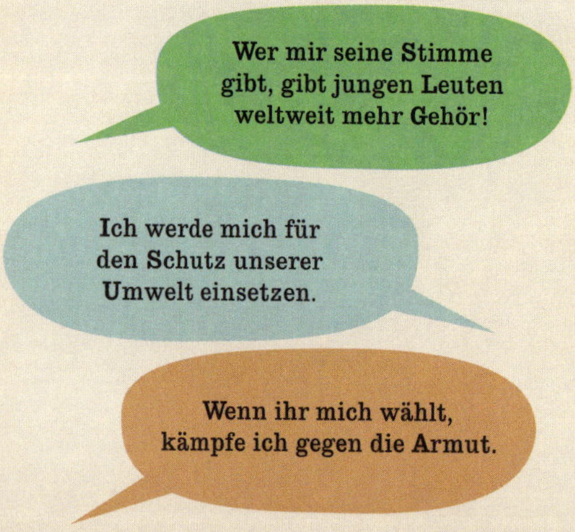

Werde Mitglied …

… einer politischen Partei oder einer Organisation wie Greenpeace. Oder mach bei einer regionalen Kampagne mit, die sich zum Beispiel für den Erhalt von Bibliotheken, Schulen oder Krankenhäusern einsetzt.

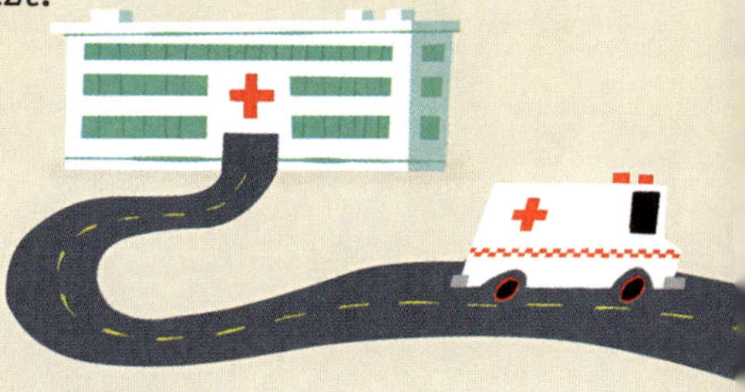

Debattiere …

… mit deinen Freunden. In Schulen gibt es manchmal Debattierklubs, in denen du für und gegen eine Idee argumentierst. Dadurch lernst du, deine Ansichten klar und deutlich auszudrücken, Menschen mit anderen Meinungen zuzuhören und zu diskutieren. Mehr dazu findest du auf Seite 118.

Nerve ...

... Erwachsene in deinem Umfeld mit politischen Fragen, die dir wichtig sind. Das schärft deine Debattierkünste. Vielleicht kannst du sie auch davon überzeugen, jemand anderen zu wählen oder überhaupt zur Wahl zu gehen.

Lies, schau und höre ...

... die Nachrichten. Wer die Welt ändern möchte, muss wissen, was in ihr passiert. Sei jedoch auf der Hut vor wertenden Berichten und nutze mehrere Nachrichtenquellen, damit du nicht einseitig informiert bist. Mehr dazu findest du auf den Seiten 108 und 109.

Vermeide ...

... Produkte von Unternehmen, mit deren Handlungen du nicht einverstanden bist. Iss beispielsweise nicht mehr bei einer Fastfood-Kette, die ihre Angestellten schlecht behandelt, ihre Steuern nicht bezahlt oder Kinderarbeit zulässt.

Dieses Verweigern wird **Boykott** genannt. Wenn genug Menschen ein Unternehmen boykottieren, ändert es sein Verhalten vielleicht. Informiere dich vorher aber genau. Durchs Internet geistern viele ungerechtfertigte Anschuldigungen.

Stelle Fragen ...

... und versuche zu verstehen, wie die Dinge in deinem Land ablaufen. Je mehr du weißt, umso besser bist du gerüstet, wenn du etwas verändern willst.

Und wenn du bereits wahlberechtigt bist:

Wähle ...

... bei allen Wahlen. Es scheint manchmal so, als würde eine Stimme keinen Unterschied machen, aber jede Stimme ist ein *kleines* Puzzleteil für eine *große* Veränderung.

Gehe ...

... in die Politik. Der Beruf eines Politikers gefällt nicht jedem und erfordert viel harte Arbeit und mentale Stärke. Aber wer weiß? Vielleicht wirst du eines Tages dein Land regieren?

5. Kapitel
Politische Ideologien

Die meisten Politiker machen Versprechungen, um gewählt zu werden. Sie versprechen beispielsweise eine bessere Gesellschaft oder mehr Gerechtigkeit. Oft geloben Politiker, über Parteigrenzen hinweg, dasselbe: Jeder Bürger, ob arm oder reich, soll eine faire Chance für ein erfolgreiches Leben haben.

Was sie mit „erfolgreich" und „fair" meinen und wie eine Gesellschaft aufgebaut sein soll, damit sie wirklich allen Menschen gegenüber gerecht ist, dazu haben Politiker und politische Philosophen jedoch ganz unterschiedliche Auffassungen oder **Ideologien**.

Gesellschaftliche Probleme

Politiker haben einen der schwierigsten Jobs der Welt: alles für alle besser zu machen, und zwar so schnell wie möglich. Oft müssen sie auch verschiedene Gruppen mit ganz unterschiedlichen Wünschen oder Bedürfnissen zufriedenstellen, haben dafür aber nur begrenzte Mittel.

Politik ist ein bisschen wie Jonglieren. Jeder Ball steht für ein wichtiges Bedürfnis der Gesellschaft. Je mehr Bälle hinzukommen …

… umso eher fällt einer runter.

Lösungen finden

Politiker und politische Philosophen können mit diesen zwei Ansätzen versuchen, die Welt zu verbessern.

Links und rechts, groß und klein

Die Grundsätze politischer Parteien ergeben sich oft aus einer bestimmten Ideologie. Man sagt, das Spektrum politischer Ideologien reicht von links bis rechts (siehe Seite 59).

Wo sitzt du?

Die politischen Begriffe *rechts* und *links* stammen aus dem späten 18. Jahrhundert. In der Französischen Nationalversammlung saßen die revolutionären Politiker links vom König und seine Anhänger rechts von ihm.

Wer soll für die Gesellschaft bezahlen?

Die Bedeutungen von *links* und *rechts* haben sich im Laufe der Zeit geändert und unterscheiden sich auch je nach Land. Vereinfacht gesagt, fordern linke Ideologien, dass der Staat eingreifen soll, um den Menschen zu helfen. Rechte Ideologien hingegen folgen der Ansicht, dass Einzelpersonen oder Gemeinschaften sich am besten um sich selbst kümmern können.

Ich gehöre zum rechten Flügel und denke, dass die Regierung für die Sicherheit der Menschen zuständig ist, sich aber nicht um sie kümmern muss.

Ich gehöre zum linken Flügel und denke, dass die ganze Gesellschaft dafür verantwortlich ist, Menschen in schwierigen Situationen zu helfen.

Warum muss „Gesellschaft" für „Regierung" stehen? Können Einzelpersonen und Gemeinschaften sich nicht gegenseitig helfen, ohne dass die Regierung eingreift?

Das *könnten* sie, aber ich glaube nicht, dass sie es auch tun. Wenn die Regierung diese Aufgabe übernimmt, indem sie Steuern erhebt, wird niemand benachteiligt.

Aber ich will nicht, dass die Regierung mich dazu *zwingt*, etwas zu tun. Außerdem verlässt sich dann jeder auf staatliche Unterstützung, ohne sich selbst Arbeit zu suchen.

Wenn wir aber die armen Leute sich selbst überlassen, werden die reichen Leute immer mächtiger!

Diese Diskussion könnte endlos weitergehen, was oftmals auch der Fall ist.

Liberale und Konservative

Bei linken und rechten Ideologien geht es häufig um wirtschaftliche Aspekte. Für manche Menschen spielen jedoch *kulturelle Werte* eine größere Rolle, zum Beispiel Gesetze zu Heirat und Familie, religiöse Freiheit sowie Schule und Lernen.

Ich gehöre zu den **Liberalen.** Ich finde es gut, dass Regierungen mit Gesetzen dafür sorgen, dass Menschen sich nicht gegenseitig schaden. Darüber hinaus soll der Staat den Bürgern aber nicht vorschreiben, wie sie ihr Leben zu führen haben.

Ich gehöre zu den **Konservativen.** Ich denke, unsere Gesellschaft ist es wert, bewahrt zu werden. Rasante Veränderungen sind riskant. Eine verantwortungsbewusste Regierung sollte die Zustimmung der gesamten Gesellschaft haben, bevor Gesetze geändert werden können.

Wie stark soll der Staat eingreifen?

Der Begriff „mächtiger Staat“ steht nicht nur für ein großes und reiches Land, das Macht nach außen hat. Er steht auch dafür, in welchem Maß der Staat in den Alltag der Menschen eingreift.

Große Eingriffe

- Viele Gesetze für Unternehmen, damit Arbeitgeber faire Löhne zahlen und ihre Kunden nicht ausbeuten
- Gesetze, um Bürger vor Risiken zu schützen, zum Beispiel Helmpflicht
- Viele öffentliche Dienstleistungen, wie kostenlose Gesundheitsversorgung
- Viel Polizei und ein Geheimdienst, der Bürger ausspionieren darf – für vermeintlich mehr Sicherheit im Land
- Hohe Steuern

Geringe Eingriffe

- Begrenzte Macht für Polizei und Geheimdienst
- Keine Gesetze, die den Bürgern ihr Leben vorschreiben; nur Gesetze, die verhindern, dass Menschen sich gegenseitig schaden
- Weniger Gesetze für Unternehmen, damit neue Unternehmen schneller zu Erfolg kommen
- Niedrige Steuern
- Wenige oder keine öffentlichen Dienstleistungen

Kapitalismus und Sozialismus

Im 19. Jahrhundert vollzog sich ein gesellschaftlicher Wandel in Europa, die sogenannte **industrielle Revolution**. Überall schossen neue Fabriken voller neuer Maschinen aus dem Boden, die in kurzer Zeit große Mengen von Waren herstellten. Dadurch wurden einige Menschen sehr reich, andere verloren ihre Arbeit. Aus diesen Veränderungen entwickelten sich zwei neue Ideologien: der **Kapitalismus** und der **Sozialismus**.

Die *Kapitalisten* glaubten, der Wandel könne nur etwas Gutes sein.

Die *Sozialisten* aber meinten, die industrielle Revolution sei etwas Schlechtes, jedenfalls für den größten Teil der Bevölkerung: die Arbeiter.

Sie stellten sich eine ganz andere Arbeitswelt vor.

Einige Sozialisten versuchten, gerechte Fabriken zu betreiben. Die meisten warfen aber zu wenig Geld ab oder boten zu wenige Arbeitsplätze. Extreme Sozialisten, Kommunisten genannt, wollten sogar ganze Gesellschaften verändern (siehe Seite 34 und 35).

Sozialist oder Kapitalist? Mache den Test.

Start
Jeder soll die Freiheit haben, so viel Geld zu verdienen, wie er kann – solange er es rechtmäßig tut.

- **Nein** → Das ist nicht fair! Manche Menschen werden viel mehr Geld haben als andere! → **Du bist ein echter Sozialist.**
- **Ja** → Ist es gerecht, dass manche Leute sehr reich werden und andere arm bleiben?

Ist es gerecht, dass manche Leute sehr reich werden und andere arm bleiben?

- **Ja** → Den meisten Reichen steht ihr Verdienst zu. Außerdem schaffen sie neue Jobs. → **Du bist ein echter Kapitalist.**
- **Nein** → Viele reiche Leute sind ohne ihr Zutun im Vorteil, etwa durch Geld von ihren Eltern. Der Staat muss Teile dieses Reichtums aufteilen. → Soll der Staat das gesamte zusätzliche Geld aufteilen, das reiche Menschen verdienen?

Soll der Staat das gesamte zusätzliche Geld aufteilen, das reiche Menschen verdienen?

- **Ja** → **Du bist ein echter Sozialist.**
- **Nein** → Wer nicht angemessen entlohnt wird, hört damit auf, hart zu arbeiten. → Der Staat muss Unternehmen Freiräume lassen – für Erfolge und Misserfolge. Soll er aber allen Unternehmen freie Hand lassen?

Der Staat muss Unternehmen Freiräume lassen – für Erfolge und Misserfolge. Soll er aber allen Unternehmen freie Hand lassen?

- **Ja** → Unternehmen brauchen *keine* Gesetze, um fair zu sein. Wenn sie ihre Angestellten nicht gut behandeln, gehen sie pleite. → **Du bist ein echter Kapitalist.**
- **Nein** → Unternehmen *brauchen* Gesetze, sonst behandeln sie ihre Angestellten schlecht. → Soll der Staat selbst Unternehmen betreiben, die er durch Steuern finanziert?

Soll der Staat selbst Unternehmen betreiben, die er durch Steuern finanziert?

- **Ja, aber wenige** → **Du bist ein gemäßigter Kapitalist.**
- **Ja** → Manche Dinge sind für viele Menschen wichtig. Über diese sollte der Staat eine gewisse Kontrolle ausüben, zum Beispiel Stromleitungen oder Züge. → **Du bist ein Sozialdemokrat.**

Du bist ein echter Sozialist.
Gesellschaften funktionieren am besten, wenn alle Einkommen geteilt werden.

Du bist ein echter Kapitalist.
Gesellschaften funktionieren am besten, wenn alle die Freiheit haben, Geld zu verdienen.

Du bist ein gemäßigter Kapitalist.
Unternehmen sind effizienter als der Staat. Sie brauchen aber Gesetze, damit sie die Menschen nicht ausbeuten.

Du bist ein Sozialdemokrat.
Der Kapitalismus fördert den Erfolg von Unternehmen, eignet sich aber nicht für alle Lebensbereiche.

Was ist eine Nation?

Ein Land, geführt von seiner eigenen Regierung, wird offiziell **Staat** genannt. **Nation** hingegen bezeichnet nicht unbedingt einen unabhängigen Staat, sondern eine Gruppe von Menschen mit ähnlicher Kultur, Geschichte, Sprache oder Bindung an einen bestimmten Ort.

Deine Nation ist wahrscheinlich Teil deines Alltags, denn …

… deine Lieblingsmannschaften gehören wahrscheinlich zu einer nationalen Liga.

… deine Schulstunden werden vermutlich in derselben Sprache abgehalten wie in der Nachbarschule.

… die Berichte über dein Land kommen meist zuerst in den Nachrichten.

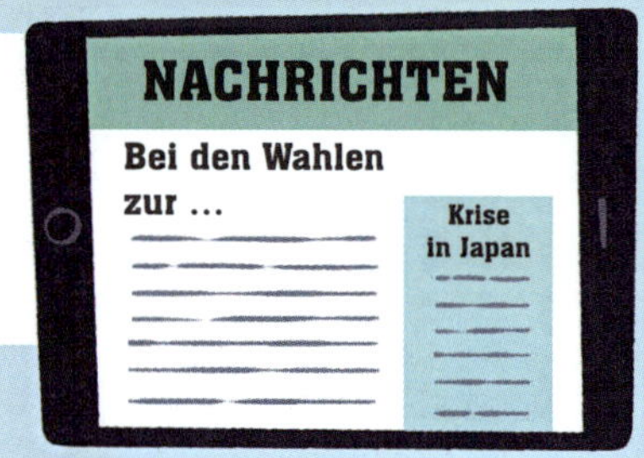

Zu welcher Nation du gehörst, ist aber nicht immer eindeutig.

Manchmal sind Nationen mit bestimmten **ethnischen Gruppen** verbunden. Diese Gruppen stammen von derselben Volksgruppe ab oder identifizieren sich zumindest mit ihr.

National, international und patriotisch

Manche Menschen sind der Meinung, die Regierung müsse sich mehr um die Menschen ihrer eigenen Nation kümmern als um Menschen anderer Nationen.

Angenommen in unserem Land gibt es eine Überflutung …

Wenn es aber in einem anderen Land eine Überflutung gibt …

Andere Menschen sind der Ansicht, dass wir *allen* Menschen in gleicher Weise helfen müssen, egal, wo sie leben, also **international**. Diese Menschen könnte man als **Internationalisten** bezeichnen.

Das Gefühl, stolz auf sein eigenes Land zu sein, wird Nationalstolz oder **Patriotismus** genannt. Du musst nicht national denken, um patriotisch zu sein. Du kannst ein Internationalist sein – der dafür ist, alle gleich zu behandeln – und trotzdem stolz deine Nationalhymne schmettern.

Du musst auch nicht patriotisch sein, um national zu denken. Vielleicht stellst du dein Land nicht über alle anderen und hältst es trotzdem für falsch, Menschen in anderen Ländern zu unterstützen, bevor alle Menschen in deinem eigenen Land gut versorgt sind.

Ein Staat – mehr als eine Nation

Oftmals gibt es in einem einzigen Staat mehr als eine Nation.

Das Vereinigte Königreich Großbritannien und Nordirland beispielsweise ist ein Staat mit einer eigenen Regierung. Innerhalb dieses Staates gibt es jedoch mindestens vier Nationen.

Diese Nationen sind:

- Nordirland
- Schottland
- England
- Wales

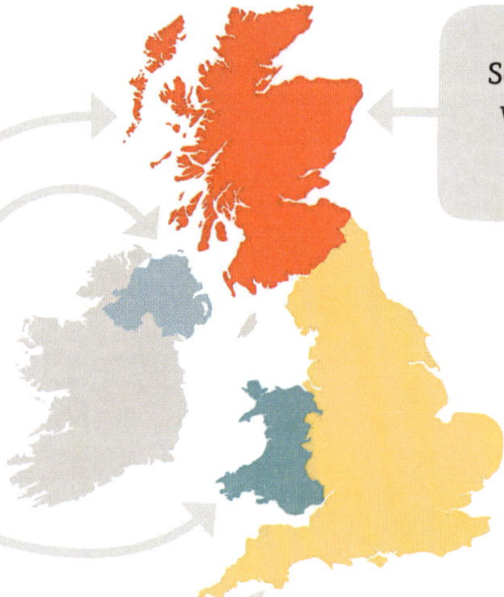

Schottische Nationalisten wollen, dass Schottland ein eigener Staat wird.

Nordirland, Schottland und Wales haben ihre eigenen nationalen Parlamente. Diese sind für Aufgaben wie Gesundheitswesen und Bildung zuständig. Ein zentrales Parlament trifft jedoch Entscheidungen für das ganze Königreich.

In einigen Teilen des Vereinigten Königreichs, wie etwa Cornwall, fordern Nationalisten die Anerkennung ihrer Region als Nation.

Ein neues Land: Südsudan

Nationalbewegungen, deren Ziel ein eigener unabhängiger Staat ist, nennt man **Separatisten**. Solche Bewegungen gibt es auf der ganzen Welt. 2011 hatten die Menschen im südlichen Sudan nach jahrzehntelangen Bürgerkriegen die Chance, über ihre Unabhängigkeit vom Rest des Landes abzustimmen.

So sahen die Stimmzettel aus.

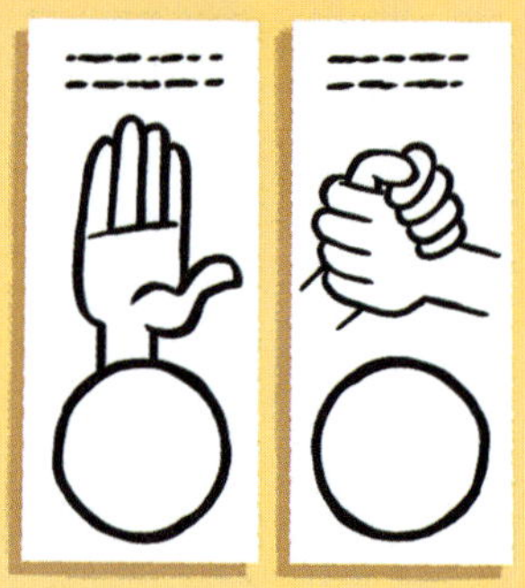

99 Prozent der Wähler stimmten für ein neues Land: Südsudan.

Eine Hauptstadt, eine Flagge und eine Nationalhymne wurden ausgewählt.

Andere Länder erkannten Südsudan offiziell an …

… und ein neuer Staat entstand.

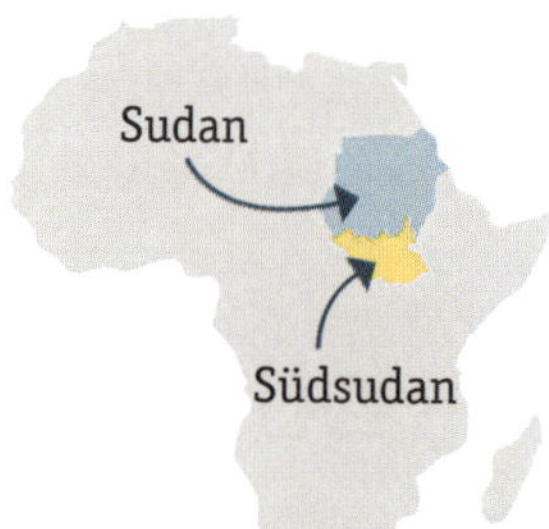

Nationalismus und Gewalt

Jugoslawien bestand aus mehreren Nationen, die nach dem Zweiten Weltkrieg zusammen einen kommunistischen Staat bildeten. In den frühen 1990er-Jahren zerfiel Jugoslawien jedoch in Einzelstaaten. In einem von ihnen, in Bosnien und Herzegowina, gewannen drei rivalisierende nationalistische Parteien einen erheblichen Anteil der Wählerstimmen und bildeten eine Koalition. Aber sie alle verfolgten unterschiedliche Ziele.

Die Koalition zerfiel bald und ein Krieg brach aus. Bei einem der schlimmsten Kriegsverbrechen der modernen Geschichte töteten serbische Truppen in der Stadt Srebrenica* über 8000 bosniakische Muslime. Ein derartiges, vorsätzlich begangenes Massaker an einer ethnischen Gruppe, also Menschen mit gleicher Kultur oder gleichen Vorfahren, nennt man **Völkermord** oder **Genozid**.

1995 unterzeichneten die Anführer der drei Gruppen ein Abkommen, das den Krieg beendete und ein neues Regierungssystem schuf.

Bosnien und Herzegowina ist noch immer *ein* Staat. Er besteht jedoch aus zwei weitreichend unabhängigen Teilen.

- Föderation Bosnien und Herzegowina: überwiegend bosniakische Muslime und Kroaten
- Republik Srpska (sprich: Serp-ska): überwiegend Serben

Bislang konnte dieses System die Gewalt zwischen nationalistischen Gruppen verhindern.

*Sprich: Sre-bre-nitza

Wo stehst du?

Diese Seiten zeigen ein paar Beispiele für politische Ideologien sowie einige der Ideen, für die sie stehen. Die meisten Menschen und die meisten politischen Parteien vertreten mehrere Ansichten aus verschiedenen Bereichen des Schaubilds. Vielleicht gefallen auch dir einige **linke** und einige **rechte** Ideen. Und vielleicht findest du manche Eingriffe des Staates gut, andere aber nicht (siehe Seite 85 und 86).

Kommunisten

Der Staat soll alle Dienste bereitstellen und alle Branchen steuern.

Sozialisten

Der Staat soll Dienste wie Gesundheitswesen, Bildung und Stromversorgung bieten und sie über höhere Steuern für reiche Menschen finanzieren.

Links

Gemeinsame Verantwortung

Sozialdemokraten

Der Staat soll allen Menschen ermöglichen, Gewinne zu machen. Außerdem soll er einen Teil des Landesvermögens aufteilen und Dienste betreiben (siehe Seite 87).

Linksliberale

Der Staat soll Gesetze *erlassen*, die alle Menschen schützen, unabhängig von Rasse, Geschlecht, Religion und Sexualität. Er soll jedoch auch Gesetze *abschaffen*, die Menschen einschränken, zum Beispiel durch die Legalisierung von Drogen.

Linkspolitische Anarchisten

Niemand sollte persönlichen Besitz haben und es sollte keinen Staat geben.

Linkspolitische Libertaristen

Persönlicher Besitz ist okay. Es darf aber niemand so viel besitzen, dass er Macht über andere Menschen hat.

Große Eingriffe

Faschisten

Bestimmte ethnische Gruppen sind anderen überlegen und haben das Recht dazu, über unterlegene Gruppen zu herrschen.

Staatliche Kontrolle

Konservative

Am wichtigsten in einer Gesellschaft ist die Stabilität. Der Staat soll die Lebensweise einer Gesellschaft bewahren und Dinge nicht zu schnell ändern.

Menschen in verschiedenen Ländern sind sich oft nicht darüber einig, wo die politische „Mitte" liegt.

Individuelle Verantwortung

Rechts

Klassische Liberale

Der Staat soll das Recht aller Menschen auf Freiheit schützen. Steuern sollen niedrig sein, da Besteuerung eine Art des staatlichen Eingreifens ist.

Kapitalisten

Der Staat soll nicht zu viele Regeln dazu aufstellen, wie die Menschen ihr Geld verdienen und ihre Unternehmen führen sollen. Die Menschen sollen Dienste wie Gesundheitswesen, Sicherheit und Bildung von privaten Anbietern kaufen.

Individuelle Freiheit

Rechtspolitische Anarchisten

Privater Besitz ist ein moralisches Recht, aber es sollte keinen Staat geben.

Geringe Eingriffe

6. Kapitel
Große Fragen

Politische Ideologien versuchen oft, diese eine große Frage zu beantworten: Wie soll eine Gesellschaft funktionieren? Viele Menschen beschäftigen sich jedoch mit Politik, um Antworten auf spezifischere und detailliertere Fragen zur Gesellschaft zu finden.

Dieses Kapitel greift einige von ihnen auf, zum Beispiel: Kann Krieg jemals gerechtfertigt sein? Was ist Terrorismus? Ist es immer gut, seine Meinung frei zu äußern? Oder auch: Bin ich Feministin?

Gibt es überhaupt „Menschenrechte“?

Menschenrechte sind Rechte, die wir *alle* haben, und das *ganz einfach nur, weil wir Menschen sind*. **Rechte** stehen dafür, wie jemand behandelt werden soll, zum Beispiel mit Respekt. Sie bezeichnen auch Dinge, auf die jeder Mensch Anspruch hat, etwa saubere Luft zum Atmen. Fast alle Menschen stimmen darin überein, dass Regierungen auf der ganzen Welt die Menschenrechte respektieren und schützen sollen.

1948 verkündeten die Vereinten Nationen (UN)* die **Allgemeine Erklärung der Menschenrechte**. Hier einige der darin enthaltenen Punkte:

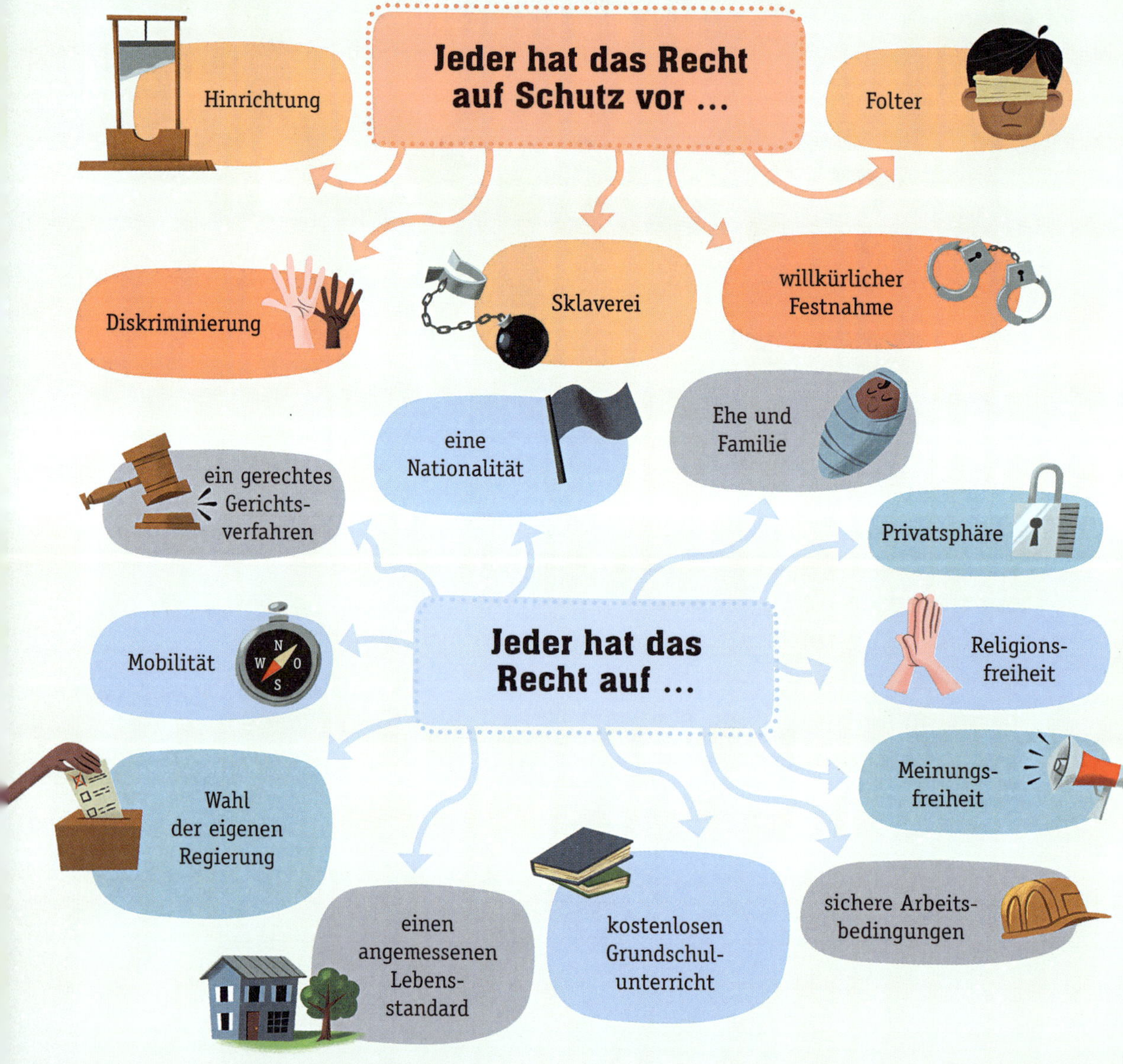

*Vereinte Nationen, siehe Seite 50.

Theoretisch hat jeder Mensch Menschenrechte. Einigen genügt diese Theorie jedoch nicht. In der Praxis braucht jeder jemanden, der sich für ihn einsetzt. Ansonsten hat die ganze Diskussion über Menschenrechte keinerlei Wert.

Hannah Arendt und die Staatenlosigkeit

Während des Zweiten Weltkriegs mussten viele Menschen ihr Heimatland verlassen. Zu ihnen gehörte auch Hannah Arendt.

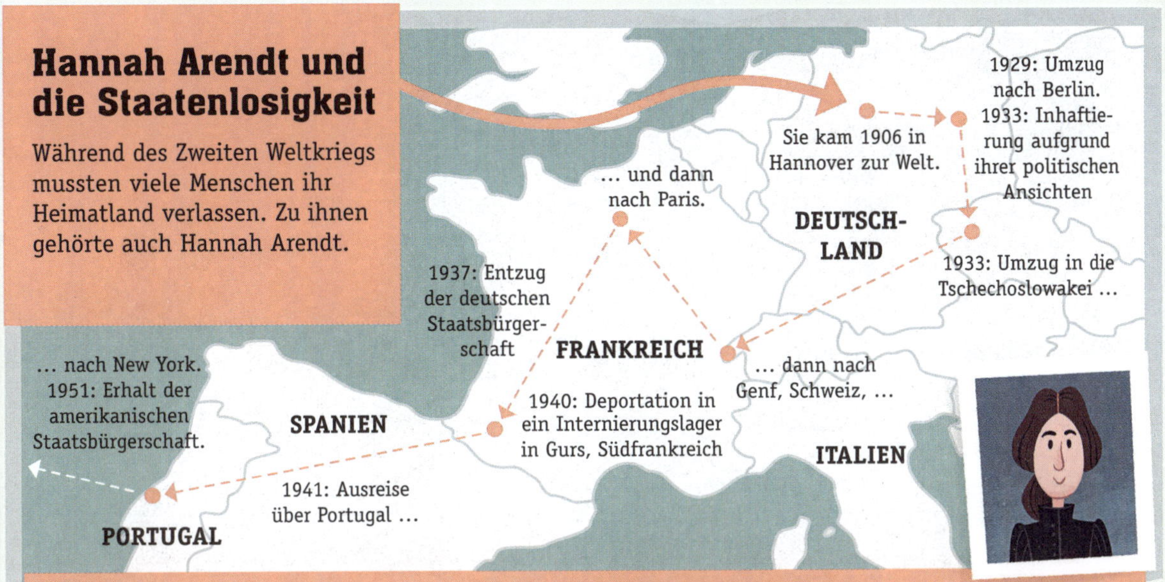

Arendt beschrieb ihre Erfahrung als **Staatenlosigkeit**. Sie argumentierte, dass die sogenannten *Menschenrechte* tatsächlich nur für Menschen gelten, die auch Bürger eines Staates sind. Wenn dein Staat dich im Stich lässt, hast du niemanden mehr, der deine Rechte verteidigt.

Auch heute noch gibt es Millionen von staatenlosen Menschen. Die meisten von ihnen kommen nicht in den Genuss der Rechte, die die *Allgemeine Erklärung der Menschenrechte* verspricht. Bedeutet das, dass es so etwas wie Menschenrechte gar nicht gibt?

Wie weit sollten wir gehen, um die Menschenrechte zu schützen? Sollen wir dafür vielleicht sogar Kriege führen?

Kann Krieg jemals gerechtfertigt sein?

Wenn zwei Menschen sich bekämpfen, müssen sie sich vor den Gesetzen ihres Landes verantworten. Wenn jedoch zwei *Länder* Krieg miteinander führen, ist das ein Fall für das **Völkerrecht**.

Von Krieg spricht man, wenn die Beziehungen zwischen zwei oder mehr Ländern so schlecht sind, dass sie Soldaten und Waffen gegeneinander einsetzen. Fast jeder glaubt, dass Krieg die schlechteste Lösung für ein Problem ist. In seltenen Fällen sieht der Sicherheitsrat der Vereinten Nationen nach den Bestimmungen des Völkerrechts einen Krieg aber als gerechtfertigt an.

Das Völkerrecht ist nicht in einem einzigen Dokument niedergeschrieben. Es ist vielmehr eine Kombination aus Verträgen und Abkommen zwischen Ländern.

Warum wollt ihr einen Krieg?

Ich will mehr Geld oder mehr Fläche für mein Land.

Ein anderes Land ist in *mein* Land einmarschiert. Ich will mich verteidigen.

Meiner Meinung nach wird ein anderes Land zu mächtig.

Ich will die Verletzung von Menschenrechten in einem anderen Land verhindern.

✗ Das mag für absolute Monarchen vor 400 Jahren ein Grund gewesen sein. Heutzutage gilt es als **Angriff** und ist nach dem Völkerrecht verboten.

✗ Ein Land daran hindern zu wollen, zu viel Macht an sich zu reißen, mag sinnvoll erscheinen. Für die meisten Menschen heutzutage ist es aber keine ausreichende Rechtfertigung für einen Krieg.

✓ Wenn ein anderes Land einen Aggressionsakt begangen hat, ist es nach dem Völkerrecht erlaubt (und gerechtfertigt), ihm den Krieg zu erklären, um es zu stoppen.

? Hier wird es kompliziert. Manche Menschen halten das nicht nur für gerechtfertigt, sondern sogar für eine *Pflicht*. Andere denken, dass mächtige Länder die Menschenrechte als Vorwand nehmen, um schwächeren Ländern Vorschriften zu machen.

Es kommt auch vor, dass der genannte Grund für eine Kriegserklärung gar nicht der wahre Grund ist.

Zwei Kriege im Irak

In den letzten 30 Jahren hat eine Gruppe von Ländern dem Irak zweimal den Krieg erklärt.

Der Erste Irakkrieg

1990
Der Irak besetzte Kuwait. Der irakische Präsident Saddam Hussein erklärte Kuwait zu einer Provinz des Irak.

Die UN forderte den Irak dazu auf, aus Kuwait abzuziehen. Als Saddam Hussein sich weigerte, erlaubte die UN ihren Mitgliedern, militärisch einzuschreiten.

1991
Ein Militärbündnis aus 34 Ländern verdrängte irakische Truppen aus Kuwait. Nach nur 100 Stunden Kampfhandlungen kapitulierte der Irak und die von der UN unterstützten Truppen zogen ab.

Die UN befahl Saddam Hussein, Kuwait für die Kriegszerstörungen zu entschädigen und zu versprechen, alle irakischen Langstreckenwaffen zu zerstören.

Über zehn Jahre später sprach US-Präsident George W. Bush vor den Vereinten Nationen. Er behauptete, Saddam Hussein verletze die Menschenrechte und baue tödliche Massenvernichtungswaffen. Die Vereinten Nationen stimmten einem Krieg nicht zu. Aber …

Der Zweite Irakkrieg

2003
Die Vereinigten Staaten, unterstützt von drei weiteren Ländern, erklärten dem Irak den Krieg. Sie behaupteten *beweisen* zu können, dass Saddam Hussein illegale Waffen besäße.

Innerhalb weniger Tage nahm die „Koalition der Willigen" (die vier Hauptländer und viele weitere Länder) die irakische Hauptstadt Bagdad ein und zwang Saddam Hussein zur Flucht. Viele Iraker feierten, da er die Menschenrechte *tatsächlich* verletzt hatte.

Diese große Saddam-Statue in Bagdad wurde 2003 umgeworfen.

Ohne stabile Regierung versank der Irak im Chaos. Die Gruppe der Besatzer blieb, um zu helfen. Viele Iraker waren jedoch der Ansicht, dass diese Fremden kein Recht zur Einmischung hätten und wehrten sich.

Saddam Hussein wurde festgenommen und wegen Menschenrechtsverletzungen, einschließlich Völkermord, angeklagt und 2006 hingerichtet.

2011
Alle Besatzerländer zogen schließlich aus dem Irak ab. Noch im gleichen Jahr stellte sich heraus, dass der Irak die genannten illegalen Waffen niemals besessen hatte.

Viele denken, dass der Erste Irakkrieg gerechtfertigt war. Beim Zweiten lässt sich das nicht so leicht sagen. Einige sind der Meinung, Saddam Hussein habe gegen UN-Regeln verstoßen und die Menschenrechte verletzt. Andere vermuten, dass die Koalition ihn loswerden wollte, weil er zu viel Macht besaß. Und wieder andere behaupten, dass es eigentlich um die Kontrolle über die irakischen Ölvorkommen ging.

Warum sind manche Länder arm?

Arme Menschen gibt es überall auf der Welt, in manchen Ländern herrscht aber ein besonders hohes Maß an Armut und die Menschen dort können ihre Grundbedürfnisse kaum befriedigen. Die Ursachen dafür reichen von Naturkatastrophen bis hin zu gesellschaftlichen Problemen.

Wirtschaftliche Krise

Zur **Wirtschaft** eines Landes gehören Geld, Arbeitsplätze und alle dort produzierten Güter. Wenn die Wirtschaft versagt, verlieren viele Menschen ihre Arbeit.

Korruption

Korrupte Politiker verwenden beispielsweise Steuergelder für eigene Zwecke. Es kann auch sein, dass sie ihr Land schlecht regieren. Mehr dazu auf Seite 115.

Krieg

Kriege können für Regierungen extrem teuer sein. Auch der Wiederaufbau nach einem Krieg verschlingt enorme Summen.

Naturkatastrophen

Sie zerstören Häuser und Unternehmen und stürzen viele Menschen von einem Tag auf den anderen in die Armut.

Warum sind manche Menschen reicher als andere?

Wie kann es sein, dass manche Menschen nicht einmal genug zu essen haben, während andere im selben Land Uhren oder Halsketten besitzen, die so viel kosten wie ein ganzes Haus? Dafür gibt es viele Gründe.

Geld macht Geld

Wer schon zu Beginn seines Lebens viel Geld besitzt, hat es leichter, dieses Geld zu vermehren. So werden reiche Familien im Laufe der Zeit immer reicher.

Mangel an Bildung

Wer viele Fähigkeiten und Qualifikationen besitzt, findet in der Regel eine gut bezahlte Arbeit. In vielen Ländern kostet die Ausbildung aber Geld, sodass arme Familien der Armut nur schwer entkommen.

Glück

Es gibt Menschen, die zur rechten Zeit am rechten Ort sind. Sie arbeiten zum Beispiel für ein neu gegründetes Unternehmen, das später sehr erfolgreich wird.

Manche Politiker meinen, dass arme Menschen nur härter arbeiten müssen, um genug Geld zu haben. Andere denken, die Gesellschaft müsse für die Aufteilung des Reichtums sorgen. Siehe dazu auch Seite 87.

Sollen reiche Länder armen Ländern helfen?

Regierungen wohlhabender Länder unterstützen ärmere Länder oft mit Geld. Das wird als **Entwicklungshilfe** bezeichnet. Solche Zahlungen sind in vielen Fällen aber an bestimmte Bedingungen geknüpft.

Was ist Terrorismus?

Terrorismus bezeichnet eine Art von Gewalt, die sich gegen ganz normale Bürger richtet und Angst und Schrecken in der Gesellschaft verbreiten soll.

Was wollen Terroristen erreichen?

Sie möchten alle anderen in Angst versetzen, damit sie ihre Ziele durchsetzen können. In gewisser Weise ähneln sie einer Aktionsgruppe. Sie wenden statt friedvoller Proteste aber Gewalt und Schrecken als Druckmittel an.

Was wollen die Terroristen von den Menschen?

Manche Terroristen beschreiben sich selbst als **Freiheitskämpfer.** Meist geht es ihnen um Unabhängigkeit für eine Nation, die zu einem anderen Land gehört (siehe Seite 90 und 91). Andere wollen, dass die Menschen ein anderes Leben führen, zum Beispiel nach einem bestimmten Glauben.

Wie werden Menschen zu Terroristen?

Anführer von Terrorgruppen werben Menschen oft durch **Radikalisierung** an. Dabei führen sie die Personen, meistens Teenager oder Studenten, nach und nach an extreme Ideen heran. Die Botschaften werden zum Beispiel über soziale Netzwerke verbreitet und sprechen die Hoffnungen und Ängste junger Menschen an.

Und was bedeutet es, wenn jemand als Extremist bezeichnet wird?

Ein **Extremist** ist jemand mit äußerst extremen Ansichten. Er tut alles dafür, seine Meinung durchzusetzen, einschließlich der Anwendung von Gewalt.

Welche Ideen verfolgen Extremisten?

Die sogenannten **Fundamentalisten** stützen ihre Ansichten auf kompromisslose Versionen von religiösen Glaubensgrundsätzen. Andere, wie etwa die **weißen Suprematisten**, sind von der Überlegenheit der weißen Rasse überzeugt. Daneben gibt es noch viele weitere Arten von Extremismus.

Wie häufig kommt es zu Terroranschlägen? Muss ich Angst davor haben?

Terroranschläge kommen nicht so häufig vor, sorgen aber immer für Schlagzeilen in den Medien. In den meisten Ländern werden viel mehr Menschen bei Verkehrsunfällen verletzt oder getötet.

Was unternehmen Regierungen zur Terrorismusbekämpfung?

In den meisten Ländern werden an den Flughäfen Gepäckstücke und Kleidung von Reisenden durchsucht. So soll verhindert werden, dass jemand Waffen ins Flugzeug schmuggelt.

Das ist gut, oder?

Kontrollen am Flughafen erschweren es den Terroristen, Schaden anzurichten. Es kann jedoch auch zum sogenannten **ethnischen Profiling** führen. Dabei werden bestimmte Gruppen von Menschen aufgrund ihres Aussehens oder ihrer Herkunft verstärkt untersucht und zurückgehalten. Das ist ungerecht.

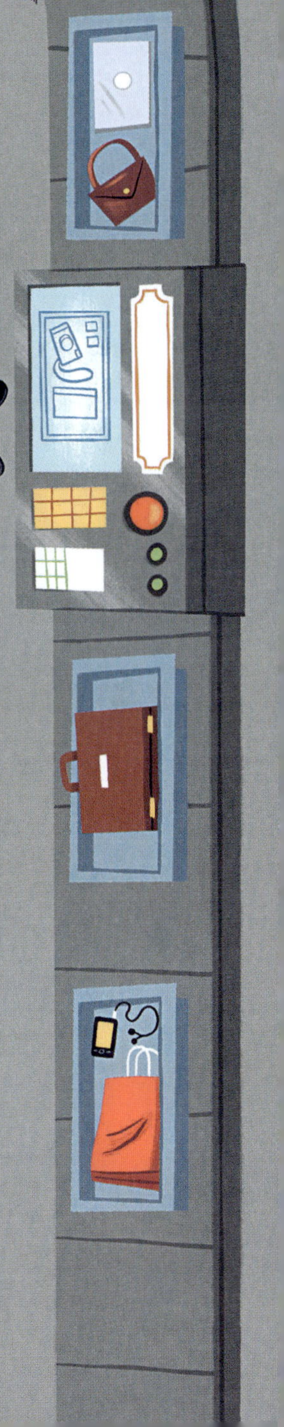

Was tun Regierungen sonst noch, um uns vor Terroristen zu schützen?

In manchen Ländern darf die Polizei Menschen festnehmen, die als Terroristen verdächtigt werden. Das gilt auch, wenn es dafür keine schlüssigen Beweise gibt.

Das ist aber den unschuldig Verhafteten gegenüber nicht fair!

Das sehe ich anders! Wenn es auf diese Weise gelingt, Terroristen von Anschlägen abzuhalten, finde ich die Maßnahme okay. Ich finde es auch in Ordnung, dass manche Geheimdienste Telefongespräche abhören oder private Nachrichten lesen dürfen.

Ich will aber nicht, dass sie meine lesen!

Das ist ein schwieriger Balanceakt. Viele Menschen halten die Privatsphäre für wichtiger. Staatliche Geheimdienste und Polizeibehörden haben dank ihrer Befugnisse jedoch schon tödliche Anschläge verhindert und gefährliche Terroristen festgenommen. Dafür bin ich auch bereit, meine Privatsphäre aufzugeben.

Wozu gibt es Gefängnisse?

In den meisten Ländern kommen Menschen, die wegen schwerer Straftaten verurteilt wurden, für mehrere Jahre oder sogar für den Rest ihres Lebens ins Gefängnis. Dieser Freiheitsentzug ist jedoch ein großer Eingriff, den Gesellschaften angemessen rechtfertigen müssen.

Vor allem aus diesen Gründen halten Gesellschaften Gefängnisstrafen für gerechtfertigt:

Unfähigmachung

Straftäter werden eingesperrt, damit sie niemanden mehr verletzen oder weitere Straftaten begehen können.

Abschreckung

Haftstrafen sollen Menschen davon abhalten, überhaupt gegen Gesetze zu verstoßen. Das nennt man auch „abschrecken".

Resozialisierung

Straftäter begehen vielleicht in Zukunft keine Straftaten mehr, wenn sie im Gefängnis Hilfe erfahren. Sie erlernen zum Beispiel neue Fähigkeiten und können damit später auf ehrliche Weise Geld verdienen.

Die oben genannten Gründe zielen entweder auf die Vorbeugung künftiger Straftaten ab oder darauf, gefährliche Menschen aus dem Verkehr zu ziehen.

Gibt es noch andere Gründe?

Es gibt einen weiteren Grund, an den viele Menschen glauben, auch wenn sie es nicht zugeben wollen: **Vergeltung**. Das bedeutet, Kriminelle werden bestraft, weil sie für ihre Taten büßen sollen. Politiker, die ein hartes Vorgehen gegen Kriminalität versprechen, zielen auf diesen Wunsch nach Vergeltung ab.

Gefängnisstrafen, ja oder nein?

Nicht jeder ist von den genannten Rechtfertigungen für Gefängnisstrafen überzeugt. Es gibt zahlreiche Argumente dagegen.

Alternativen zu Gefängnisstrafen sind zum Beispiel:

Wiederherstellende Gerechtigkeit

Die Täter treffen mit den Opfern zusammen, entschuldigen sich und tun etwas Gutes für sie. Das verringert auch die Wahrscheinlichkeit von Rückfällen.

Schulungen

Schulungen können Straftätern dabei helfen, ihr Verhalten zu ändern, zum Beispiel Fahrtrainings für Raser oder Alkoholsünder.

Überwachung

Mithilfe elektronischer Fußfesseln überwacht die Polizei, wo sich die Straftäter befinden. So können sie nicht zu viel Ärger machen – theoretisch.

Gemeinnützige Arbeit

Die Straftäter verrichten Aufgaben, die der Gemeinschaft dienen, zum Beispiel Müll einsammeln oder Graffitis entfernen.

Was bedeutet Meinungsfreiheit?

Unter **Meinungsfreiheit** oder **Meinungsäußerungsfreiheit** versteht man, dass Menschen ihre Meinung ohne Angst vor einer Festnahme oder anderen Strafe frei äußern können.

Schränkt eine Regierung oder eine andere mächtige Gruppe die Meinungsfreiheit von Personen ein, so spricht man von **Zensur.** Es kann sein, dass bestimmte Bücher verboten werden oder dass vermeintlich gefährliche Menschen keine öffentlichen Reden halten dürfen.

Warum ist Meinungsfreiheit in der Politik wichtig?

Nur wenn Wähler die Freiheit haben, sich *umfassend* zu informieren und Ideen auszutauschen, können sie fundierte Entscheidungen treffen. Wenn nicht über Tatsachen berichtet werden darf, insbesondere über solche, die ein Fehlverhalten der Regierung aufdecken, kann Demokratie nicht richtig funktionieren. Deshalb mögen Diktatoren die Zensur.

Ohne Meinungsfreiheit können Diktatoren erzählen, alles sei wunderbar, auch wenn sie die schlimmsten Verbrechen begehen, und niemand kann das Gegenteil behaupten. Bei einer strengen Zensur haben die Menschen zudem Angst, sich öffentlich gegen die Regierung zu äußern.

Ist es immer gut, seine Meinung frei zu äußern?

Im Großen und Ganzen ist Meinungsfreiheit gut für die Demokratie. Manche Menschen denken jedoch, dass es gewisse Grenzen geben muss. Wo diese aber gezogen werden sollen, was man also öffentlich kundgeben darf und was nicht, darüber besteht Uneinigkeit.

Meinungsfreiheit bedeutet, dass ich sagen kann, was ich will!

Auch wenn das, was du sagst, einen anderen Menschen in Gefahr bringt?

Wie können *Worte* jemanden in Gefahr bringen?

Nehmen wir an, du weißt, wo sich eine Truppe von Soldaten versteckt. Solltest du die Freiheit haben, ihr Versteck über soziale Medien zu verraten, sodass sie möglicherweise getötet werden?

Okay, vielleicht sollte ich *so etwas* nicht online bekanntgeben. Aber ansonsten kann ich sagen, was ich will.

Stell dir vor, du bist im Fernsehen und sagst den Zuschauern, sie sollen andere Menschen töten. Sollte das gesetzlich verboten sein?

Das kommt drauf an. Was, wenn ich es im Scherz sage? Ich mag es nicht, wenn die Regierung oder Rechtsanwälte darüber bestimmen, was lustig ist und was nicht.

Okay, Scherze sind eine verzwickte Sache. Was aber, wenn ich etwas Schreckliches sagen will, wie zum Beispiel „Alle Homosexuellen sind böse“? Manche Menschen nennen das *Hassrede*.

Aber wo ziehst du hier die Grenze? Willst du alle Meinungen verbieten, mit denen du nicht übereinstimmst?

Was ist, wenn du Lügen über eine Person verbreitest, die ihr schaden? Sollte das gesetzlich verboten sein?

Das kommt auf die Lüge an.

Du sagst gern „Das kommt darauf an“, stimmt's? Hat dir schon einmal jemand gesagt, dass du in die Politik gehen solltest?

Wie beeinflussen Medien die Politik?

Die Medien ist ein Oberbegriff für die Kanäle, über die Menschen Informationen austauschen: Fernsehen, Radio, Internet, Zeitungen und Zeitschriften. In totalitären politischen Systemen kontrolliert die Regierung die Medien, in einer Demokratie jedoch spielen freie, unabhängige Medien eine entscheidende Rolle.

Das Verhältnis zwischen Medien und Politik hat allerdings auch eine Schattenseite, sogar in einer Demokratie.

Die gute Seite

Die Medien können …

- die Wahrheit herausfinden und Geheimnisse ans Licht bringen, die Politiker lieber im Dunkeln lassen wollen. So erfahren alle, was die Regierung gerade treibt oder vorhat.
- Bürger über die Politik informieren, zum Beispiel, welche Gesetze erlassen werden, worüber debattiert wird und in welche Richtung sich das Land bewegt.
- Politikern unangenehme Fragen stellen, damit die Öffentlichkeit erkennt, wie sie in schwierigen Situationen reagieren und ob ihre Ideen bei genauerer Betrachtung überhaupt sinnvoll sind.
- Wahlversprechen im Wahlkampf veröffentlichen, damit die Bürger fundierte Entscheidungen treffen können.
- den historischen Kontext herstellen. Große politische Ereignisse gab es so oder so ähnlich schon einmal in der Vergangenheit. Die Medien können Fachleute heranziehen und mit ihrer Hilfe historische Parallelen erläutern. Dann können wir die Gegenwart besser verstehen.

Die schlechte Seite

Die Medien können aber auch …

- Ereignisse übertrieben als **Sensation** darstellen, zum Beispiel eine politische Nachricht extremer darstellen als sie wirklich ist.
- eine starke **Tendenz** zu einer Partei oder Glaubensrichtung zeigen. Wenn die Betreiber einer bestimmten Nachrichten-Webseite ausgeprägte politische Ansichten haben, hat das Einfluss auf die Auswahl ihrer Berichte und auf die Art ihrer Berichterstattung.
- korrupt sein. Journalisten, Sender oder Zeitungen können Bestechungsgelder annehmen und dann so über eine bestimmte Sache berichten, dass bestimmte Politiker gut oder schlecht wegkommen. Glücklicherweise können andere Journalisten diese Korruption oft aufdecken.
- von ihren Chefs beeinflusst werden, die ihre Gehälter bezahlen, auch wenn sie nicht wirklich korrupt sind. Viele Nachrichtenunternehmen gehören einzelnen Milliardären, die eine bestimmte politische Richtung favorisieren oder davon profitieren, wenn sie bestimmten politischen Parteien helfen oder schaden.
- extremen Ansichten zur Verbreitung verhelfen. Wenn ein Extremist genügend Sendezeit bekommt, könnte man irgendwann denken, dass seine Ansichten akzeptabel sind.

Was kannst du tun?

Als Leser und Zuschauer informierst du dich am besten anhand verschiedener Nachrichtenquellen. Sieh genau hin und lass dich dabei nicht nur von den reißerischen Schlagzeilen blenden. Frage dich, ob die jeweilige Nachrichtenquelle dich vielleicht mit einer gefühlsbetonten Sprache beeinflussen will, anstatt dich mit Fakten zu versorgen, und ob sie nur einen einseitigen Standpunkt vertritt.

Was ist Immigration?

Menschen, die sich dazu entscheiden, in ein anderes Land zu ziehen, werden in der Regel **Immigranten** genannt. Es gibt viele Gründe, warum sie das tun wollen. Vielleicht wünschen sie sich bessere Arbeitsmöglichkeiten oder ein besseres Klima. Menschen, die ihr Land verlassen, um vor einem Krieg oder vor anderen Gefahren zu fliehen, nennen wir **Flüchtlinge**. Verglichen mit Immigranten haben Flüchtlinge oft keine Wahl.

Immigranten

Flüchtlinge

In den meisten Ländern herrschen strenge Regeln zur Aufnahme von Immigranten. Neuankömmlinge haben oft weniger Rechte. Sie dürfen zum Beispiel nicht an Wahlen teilnehmen oder erhalten keine kostenlose Gesundheitsversorgung. Flüchtlinge müssen nachweisen, dass sie tatsächlich in Gefahr sind, und das ist manchmal sehr schwer. Doch auch wenn sie es können, leben sie vielleicht in Flüchtlingslagern und nicht in richtigen Häusern.

Warum sind manche Leute gegen Immigration?

Einige politische Parteien gewinnen Wählerstimmen, indem sie die Angst vor den Auswirkungen der Immigration in ihrem Land schüren. Sie behaupten zum Beispiel, dass Immigranten den Einheimischen die Arbeitsplätze wegnehmen. Einige nutzen auch das Misstrauen gegen fremde Menschen, die **Fremdenfeindlichkeit** oder **Xenophobie,** für ihre Zwecke. Viele dieser Ängste sind irreal. Es ist aber schwierig, sie mit logischen Argumenten abzubauen.

Immigranten nehmen uns unsere Arbeitsplätze weg!

Viele Immigranten kommen nur hierher, weil ihnen ein Job angeboten wurde – ein Job, den niemand im Land machen wollte.

Naja ..., aber die Immigranten drücken dann die Löhne, weil sie auch für weniger Geld arbeiten.

Nicht wenn die Regierung zu geringe Löhne gesetzlich verbietet.

Ich fühle mich in meinem eigenen Land nicht mehr zu Hause. Die Immigranten verstehen nicht, wie unsere Gesellschaft funktioniert, und einige von ihnen teilen auch nicht unsere Werte.

Ich denke, Immigranten aus der ganzen Welt haben unsere Gesellschaft bereichert, besonders was das Essen betrifft! Und sie lernen ja auch etwas von unserer Kultur. Eine selbstbewusste, friedliche Gesellschaft kann durchaus ihre Werte vermitteln und gleichzeitig neue Werte aufnehmen.

Das klingt in der Theorie plausibel, ist aber nicht das, was um mich herum passiert. Ich fand es besser, wie es früher war.

Leben mit Rassismus

Rassismus ist die Überzeugung, dass manche Menschen anderen Menschen überlegen sind. Menschen mit rassistischer Gesinnung glauben, dass zum Beispiel Menschen mit anderer Hautfarbe weniger wert sind und schlecht behandelt werden können. Man muss nicht unbedingt Immigrant sein, um rassistische Beleidigungen oder Übergriffe am eigenen Leib zu erfahren. Selbst Familien, die schon viele Jahrhunderte in einem Land leben, leiden darunter. In den meisten Ländern gibt es Gesetze gegen Rassismus. So darf niemandem ein Job verwehrt werden, weil sie oder er anders aussieht oder einen fremd klingenden Namen hat. Es ist aber schwierig, weniger auffällige Formen von Rassismus per Gesetz zu verhindern.

Bin ich Feministin?

Menschenrechte gelten für alle, heißt es. Benachteiligte Gruppen, auch sehr große, gab es aber zu allen Zeiten. Frauen und Mädchen beispielsweise hatten nicht immer dieselben Rechte wie Männer und Jungen und haben sie in vielerlei Hinsicht auch heute noch nicht.

Über folgende Fragen müssen sich Frauen und Mädchen oft mehr Gedanken machen als Männer und Jungen. Oft hängt es auch davon ab, wo auf der Welt sie leben.

Menschen, die anerkennen, dass Frauen und Mädchen ungerecht behandelt werden, und die wollen, dass sie die gleichen Rechte und Chancen wie Männer und Jungen haben, werden als **Feministen** bezeichnet. Wenn auch du so denkst, gehörst du zu den Feministen, auch wenn du keine Frau bist.

Ist Unterrepräsentation ein Problem?

Wenn Menschen aus Minderheitengruppen nicht beachtet oder gehört werden, spricht man von Unterrepräsentation. In Hollywood-Filmen beispielsweise werden rund 70 Prozent aller tragenden Rollen an Männer (meist weiße Männer) vergeben.

Auch in den meisten Parlamenten weltweit sitzen wesentlich mehr männliche Repräsentanten als weibliche. Von einer Unterrepräsentation in der Regierung sind oft auch andere Gruppen betroffen, zum Beispiel Homosexuelle, Menschen mit Behinderung und ethnische Minderheiten.

Aber ist das ein Problem?

Wer rettet unseren Planeten?

Wir stellten und stellen schreckliche Dinge mit unserer Erde an: Wir lassen Öl auslaufen, pumpen Abgase in die Atmosphäre und haben unter anderem durch das Nutzen fossiler Brennstoffe einen Klimawandel verursacht. Die meisten Menschen sind sich darüber einig, dass etwas getan werden muss. Aber wie können Politiker uns dabei helfen, die Umwelt zu schützen?

Politiker können Gesetze zum Schutz der Umwelt und zur Bekämpfung des Klimawandels erlassen. Sie könnten zum Beispiel Autos verbieten, die fossile Brennstoffe nutzen, oder sie zumindest mit höheren Steuern belegen.

Ah, aber nicht alle Politiker WOLLEN solche Gesetze erlassen, da viele ihrer Wähler sich kein neues Auto leisten können, oder sie wollen mit fossilen Brennstoffen Geld verdienen.

Aber es gibt viele Politiker, die wirklich etwas TUN wollen. Und im Gegensatz zu uns können sie mit Wissenschaftlern und Experten sprechen. So erfahren sie, wie die Gesellschaft sich insgesamt ändern muss, wenn wir unseren Planeten retten wollen.

Aber was ist damit, dass Regierungen nach einigen Jahren abgelöst werden und die nächste Regierung alle Gesetze der vorherigen aufheben kann?

Da ist was dran. Müssen wir also eher versuchen, private Unternehmen zu beeinflussen statt Regierungen?

Es ist gar nicht notwendig, ein Unternehmen zu beeinflussen, um einen Wandel herbeizuführen. Wenn genügend Kunden die Produkte nicht mehr kaufen, wird das Unternehmen ganz schnell von sich aus etwas ändern.

Sollten die Regierungen die Unternehmen dazu ermutigen, etwas zu verändern, anstatt sich auf den Protest der Käufer zu verlassen?

Das ist theoretisch eine gute Idee. Regierungen setzen sich jedoch aus Menschen zusammen – und Menschen sind bestechlich. Die Nachrichten sind voller Berichte über Regierungsbeamte, die gut Freund sind mit Unternehmen, die enorme Umweltschäden verursachen.

Ist Korruption unvermeidbar?

Wenn Politiker ihre Position ausnutzen, um mehr Geld oder Macht zu erlangen, handelt es sich um **Korruption**. Diese Straftaten zählen zur Korruption:

Bestechung
Die Vereinbarung, jemandem gegen Geld besondere Vorteile zu gewähren

Erpressung
Mit Drohungen oder Gewalt etwas erreichen oder sich bereichern

Nepotismus
(Vetternwirtschaft)
Vergabe von Geld oder wichtigen Ämtern an Freunde oder Verwandte

Enthüllung
Geheimnisse anderer Personen gegen sie verwenden

Veruntreuung
Aneignung von Geldern, die eigentlich der Regierung zustehen

Hier ein Beispiel:

AKTUELLES REGIONALES WELTWEIT SPORT WETTER

SKANDAL IN BRASILIEN

2014 leitete die brasilianische Polizei eine Untersuchung zur Aufdeckung der Korruption in ihrem Land ein. Es stellte sich heraus, dass Unternehmen Regierungsgelder für große Bauprojekte erhalten und mit Teilen dieser Gelder Regierungsbeamte bestochen hatten. Milliarden von Dollar landeten so in den Taschen von Politikern.

In den folgenden zwei Jahren gab es in ganz Brasilien zahlreiche Antikorruptionsproteste. Die Demonstranten trugen gelbe und grüne Besen. Ihre Forderung: Politiker sollen damit aufhören, Steuergelder zu stehlen.

Im Jahr 2016 wurde Präsidentin Dilma Rousseff abgesetzt. Viele Unternehmensleiter und Politiker wurden festgenommen und zu hohen Geldstrafen verurteilt.

Demonstranten fordern ein Ende der Korruption.

So führst du ein Streitgespräch

Im Laufe deines Lebens wirst du immer wieder auf Menschen treffen, die nicht deiner Meinung sind. Mit den Tipps auf diesen Seiten kannst du überzeugende Streitgespräche führen, ohne die Gefühle deiner Gesprächspartner zu verletzen.

1 Werde nicht persönlich

Konzentriere dich auf die Meinungen deiner Gesprächspartner und bewerte nicht die Personen an sich.

2 Belege deine Meinung mit Fakten

Lies und sieh dir die Nachrichten an und mache dich so mit den Fakten zu bestimmten Fragen vertraut. Beschäftige dich eingehend mit Themen, die dich interessieren.

3 Sprich die Gefühle deiner Gesprächspartner an

Fakten sind zwar wichtig, aber Menschen haben auch Gefühle. Wenn du die Ängste und Hoffnungen deiner Gesprächspartner ansprichst, kannst du sie möglicherweise leichter von deiner Meinung überzeugen. Oftmals brauchen Menschen einen persönlichen Bezug zu einer bestimmten Frage. Fakten wirken manchmal kalt und zu abstrakt.

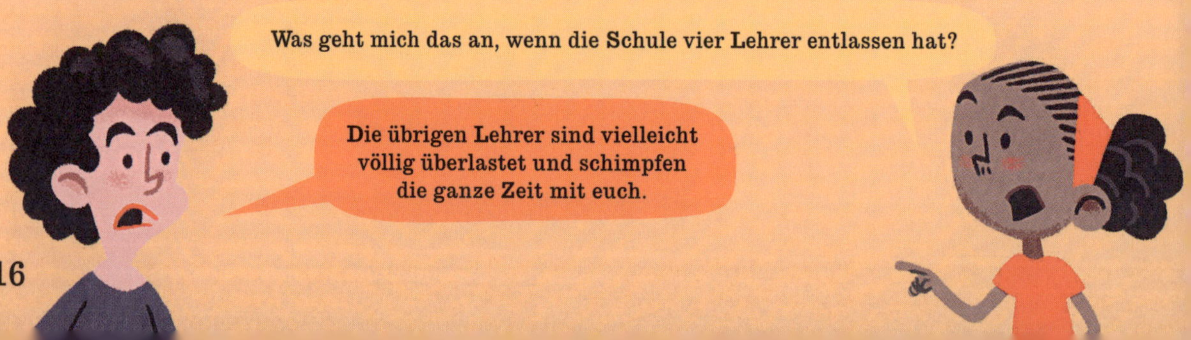

4 Hüte dich vor Argumenten, die auf Lügen basieren

Manchmal äußert jemand ein Argument, das auf völlig falschen Informationen basiert. Dazu ein Beispiel:

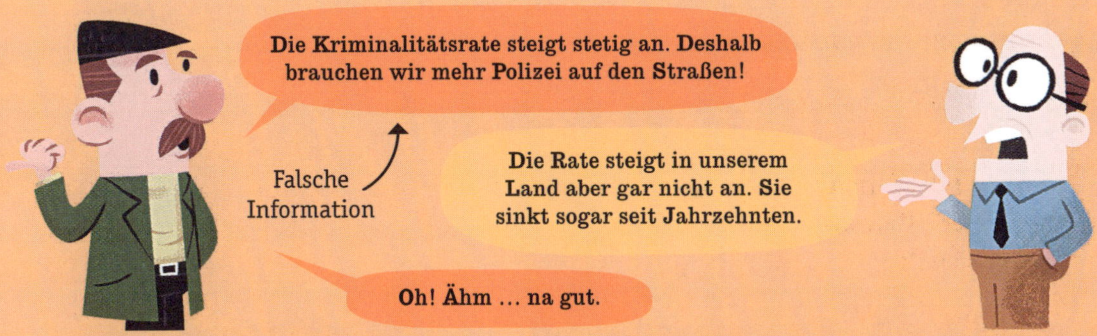

Es ist wichtig, die ersten Äußerungen deiner Gesprächspartner genau zu hinterfragen. Dann können sie ihre Argumentation nicht auf falschen oder veralteten Fakten aufbauen.

5 Bleib ruhig und werde nicht laut

Die Geduld zu verlieren oder zu schreien ist unhöflich und respektlos und lässt dich und deine Argumente schwach aussehen.

Du kannst leidenschaftlich sprechen, solltest dabei aber nicht zu laut werden.

6 Sei bereit, deine Meinung zu ändern

Manchmal stellst du mitten in einem Streitgespräch fest, dass dein Gegenüber vielleicht recht hat. Halte dann nicht aus Prinzip an deinem Standpunkt fest. Wenn du zugeben kannst, dass du deine Meinung geändert hast, fällt es anderen möglicherweise auch leichter, ihre Ansichten zu überdenken.

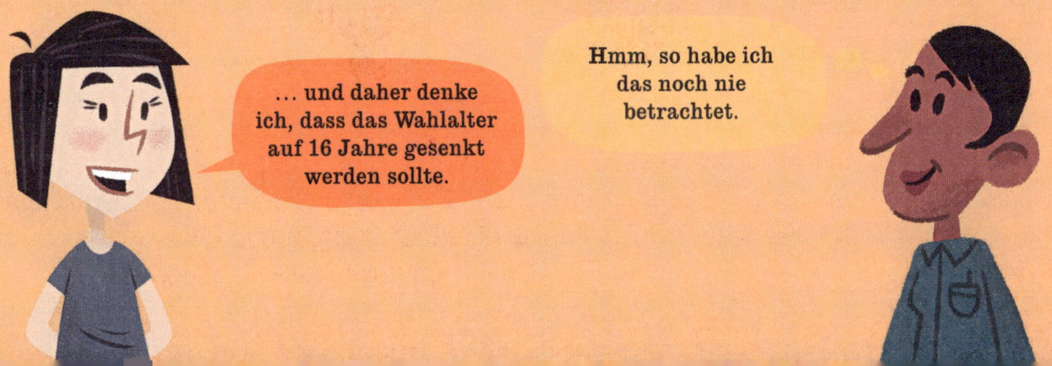

Erlerne die Kunst des Debattierens

Willst du wissen, wie man eine politische Diskussion richtig führt und für sich entscheidet? Dann tritt einem Debattierclub in deiner Nähe bei oder nimm an einem Debattierwettbewerb teil. In einer Debatte führen die Teilnehmer ein Streitgespräch nach festgelegten Regeln. Am Ende entscheidet das Publikum, wer gewinnt.

So läuft eine Debatte ab:

Ein Sprecher liest die Streitfrage vor, über die debattiert werden soll.

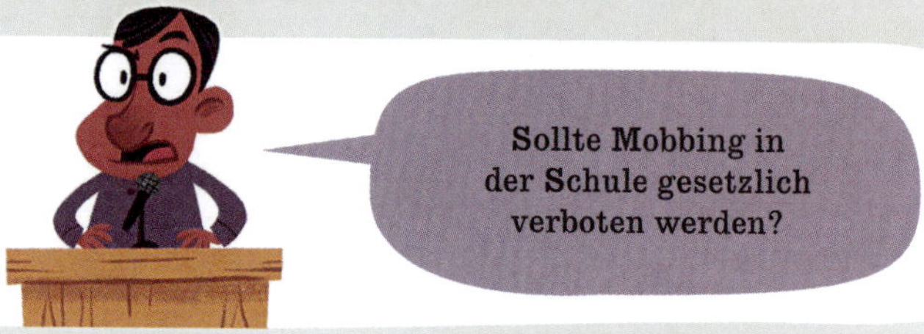

Die Pro-Seite beantwortet die Frage mit „Ja" und begründet ihren Standpunkt in wenigen Minuten.

Die Contra-Seite beantwortet die Frage mit „Nein" und hat ebenso viel Zeit für ihre Sichtweise.

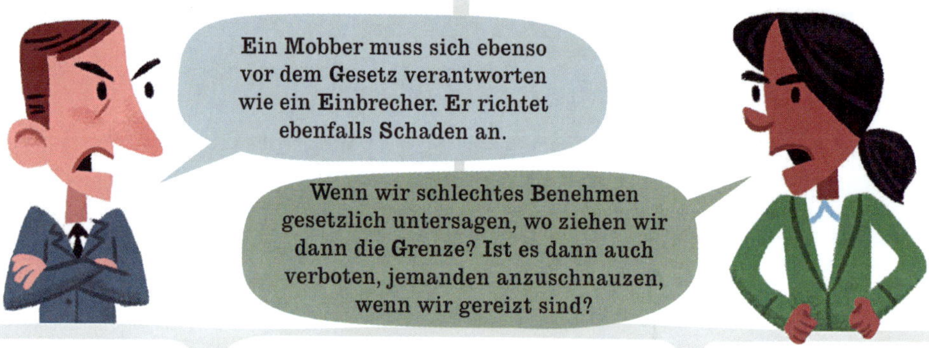

Beide Seiten nennen weitere Argumente, dann wird zusammengefasst und das Publikum stimmt ab.

Parlamente in der ganzen Welt folgen ähnlichen Regeln, wenn sie vor einer Abstimmung über ein Gesetz debattieren. Debattieren ist also eine gute Übung, wenn du eine Karriere in der Politik anstrebst.

Einige Debatten befassen sich mit sehr ernsten Themen:

- Soll es die Todesstrafe geben?
- Sollen wir das Wahlalter auf 16 Jahre senken?
- Werden wir durch soziale Medien unsozial?

Man kann das Debattieren aber auch mit nicht so ernst gemeinten Themen üben:

- Kann ein Vampir einen Werwolf in einem Boxkampf besiegen?

Wie geht es weiter?

Wenn du dieses Buch gelesen hast, weißt du wahrscheinlich mehr über Politik als viele andere Menschen. Hör jetzt nicht auf damit, sondern bleib dran. Die Welt der Politik verändert sich ständig. Lies die Nachrichten oder sieh sie dir an und erfahre noch mehr über politische Themen.

Lies Bücher und Artikel über Geschichte. Der spanisch-amerikanische Philosoph George Santayana schrieb in seinem Buch *The Life of Reason:* „Wenn man sich nicht an die Vergangenheit erinnern kann, ist man dazu verurteilt, sie zu wiederholen." Je mehr du über die politische Geschichte weißt, umso besser kannst du in Zukunft schlimme Dinge verhindern.

Halte Augen, Ohren und Verstand offen. Frage dich selbst, welche Haltung du hast. Hinterfrage stets deine eigenen Ansichten. Übernimm niemals blindlings die Meinungen anderer. Gehe wählen, wenn du alt genug dazu bist. Protestiere, wenn du mit deiner Regierung nicht einverstanden bist. Schreibe Briefe und E-Mails an deine gewählten Vertreter.

Und gehe vielleicht eines Tages selbst in die Politik.

Worterklärungen

Hier findest du Erklärungen für einige Begriffe, die in diesem Buch vorkommen. Wörter in *kursiver* Schrift werden in anderen Einträgen erläutert.

Abgeordneter: jemand, der in ein nationales *Parlament* gewählt wurde und der über neue Gesetze und *Grundsätze debattieren* und direkt abstimmen kann.
Abkommen: eine offizielle Vereinbarung zwischen *Regierungen* zweier oder mehrerer Länder.
Absolutismus: ein *politisches System*, in dem eine Person, z. B. ein *Monarch* oder *Diktator*, über das Land herrscht und alles unter seiner Kontrolle hat.
Abstimmung: eine *Wahl*, bei der die Menschen abstimmen, oftmals mit einem Stimmzettel aus Papier.
Anarchie: wenn niemand das Sagen hat oder wenn es keine *Regierung* gibt.
autoritäres System: ein *politisches System*; die *Regierung* führt eine strenge Herrschaft und Freiheiten sind stark eingeschränkt.

Beamter: jemand, der für die *Regierung* arbeitet, aber nicht gewählt wurde. In vielen Ländern müssen Beamte politisch neutral sein.
Bundeskanzler: in Deutschland und Österreich der Chef oder die Chefin der *Regierung*.
Bundesrepublik, Bundesstaat: ein *Staat*, der sich aus kleineren Regionen (Staaten oder Ländern) zusammensetzt; wird von einem gewählten Staatsoberhaupt geführt.
Bürger: eine Person, die einem *Staat* angehört, in dem sie oftmals auch geboren wurde. Die meisten erwachsenen Bürger dürfen wählen und sich als *Kandidaten* aufstellen lassen und müssen *Steuern* zahlen.

Debatte: eine Form der Diskussion entgegengesetzter Ideen; findet oftmals in *Parlamenten* statt.
Demokratie: ein *politisches System*, in dem *Bürger* jeweils nach einigen Jahren eine neue *Regierung* wählen können.
Diktator: der Machthaber in einem *autoritären System.*
direkte Demokratie: ein *politisches System*, in dem *Bürger* direkt über neue Gesetze und über eine neue *Regierung* abstimmen.

Exekutive: der Teil der *Regierung*, der neue Gesetze billigt und für die Ausführung von politischen *Grundsätzen* verantwortlich ist.

Feminismus: die Auffassung, dass Frauen und Männer dieselben Rechte und Möglichkeiten haben sollen.

Gesellschaft: eine Gruppe von Menschen, in der Regel mit denselben Werten und Zielen; sie kann klein sein, z. B. eine Familie, oder groß, z. B. ein Land.

Grundsatz: eine bestimmte Idee, nach der eine *Regierung* handelt, um die *Gesellschaft* zu verbessern, z. B. Bildungsgrundsätze.
grüne Politik: *Grundsätze* oder *Protestbewegungen*, die sich mit dem Schutz der Umwelt und mit dem Einfluss des Menschen auf die Natur beschäftigen.

Ideologie: die Grundlage für eine bestimmte Denkweise, wie eine *Gesellschaft* oder ein *politisches System* sein soll.
Immigration: wenn Menschen, die ursprünglich *Bürger* eines anderen oder keines Landes sind, in ein neues Land kommen.
Interessenvertretung: Menschen, die zusammenarbeiten, um Politiker zu beeinflussen, indem sie z. B. eine *Protestbewegung* organisieren.
internationale Organisation: ein Zusammenschluss von Ländern, die ein gemeinsames Ziel verfolgen, z. B. die Vereinten Nationen.

Judikative: der Teil der *Regierung*, der entscheidet, wie Gesetze ausgelegt werden und wer gegen sie verstößt.

Kabinett: eine Gruppe von Politikern, die in der Regel von einem *Präsidenten*, *Premierminister* oder Kanzler ausgewählt werden, um ihn bei der Regierung zu unterstützen.
Kandidat: eine Person, die sich als Politiker zur *Wahl* stellt.
Kapitalismus: eine *Ideologie*, nach der die *Wirtschaft* am besten funktioniert, wenn Unternehmen frei gegründet und geführt werden können, ohne dass die *Regierung* zu stark eingreift.
Koalition: wenn zwei oder mehr *politische Parteien* sich zusammenschließen, um eine *Regierung* zu bilden.
Kolonie: ein Land, das von der *Regierung* eines anderen Landes beherrscht wird.
Kommunismus: ein *linkspolitisches* System, das auf der Idee aufbaut, dass alle Ressourcen von allen gleichermaßen geteilt werden sollen, unter der Führung einer mächtigen *zentralen Regierung*.
Korruption: wenn Politiker ihre Machtposition ausnutzen, um sich zu bereichern oder andere Vorteile zu gewinnen.

Legislative: der Teil der *Regierung*, der neue Gesetze und *Grundsätze* diskutiert und billigt.
Liberalismus: eine *Ideologie*, die in der Regel fordert, dass *Regierungen* die Menschen nicht überwachen und ihnen nicht vorschreiben, wie sie zu leben haben.
linkspolitisch: eine *Ideologie*, die in der Regel fordert, dass *Regierungen* hohe *Steuern* einführen und *Bürger* alle Ressourcen gemeinsam nutzen.
lokale Regierung: *Regierung* in einem Land, die für eine kleinere Einheit des Landes zuständig ist, z. B. für eine Stadt.

Medien: Webseiten, Fernsehen, Zeitungen und alle anderen Kanäle, über die Journalisten und Politiker mit den Menschen in einer *Gesellschaft* kommunizieren.

Mehrheit: der größte Bevölkerungsteil eines Landes; was eine *politische Partei* besitzt, wenn sie mehr als die Hälfte der gewählten Vertreter in einem *Parlament* stellt.

Meinungsfreiheit: das Recht, die eigene Meinung frei zu sagen, zu schreiben oder auszutauschen, ohne Angst vor *Zensur* oder Festnahme.

Menschenrechte: grundlegende Dinge oder Rechte, zu denen alle Menschen Zugang haben sollten, wie Nahrung, Wohnung, Freiheit und Sicherheit.

Minderheit: jede Gruppe von Menschen in einer *Gesellschaft*, die kleiner als die *Mehrheit* ist; oftmals in Gefahr, von der Mehrheit schlecht behandelt zu werden.

Monarchie: ein Land, das von einem Monarchen regiert wird, z. B. König, Königin, Kaiser oder Kaiserin.

Nation: Gruppe von Menschen mit ähnlicher Kultur, Geschichte, Sprache oder Bindung an einen bestimmten Ort; auch Land.

Nationalismus: Weltanschauung, die die eigene Nation erhöht und andere Nationen herabsetzt.

öffentliche Dienstleistungen: Dienste, die eine *Regierung* für ihre *Bürger* bereitstellt, z. B. Straßenbeleuchtung.

Parlament: ein Ort, an dem *Abgeordnete Grundsätze* debattieren und Gesetze erlassen, in manchen Ländern auch Kongress oder Versammlung genannt.

Patriotismus: eine *Ideologie*, die auf einem ausgeprägten Stolz für das eigene Land oder den eigenen *Staat* aufbaut.

politische Partei: eine Gruppe von Menschen mit einer gemeinsamen *Ideologie*, deren *Kandidaten* in ein nationales *Parlament* gewählt werden.

politisches System: alle Regeln und Einrichtungen, die festlegen, wer eine *Regierung* bilden kann und welche Befugnisse die Regierung hat.

Präsident: das Oberhaupt einer *Republik*; in manchen Ländern der mächtigste Politiker, in anderen eher ein zeremonielles Amt.

Premierminister: das Oberhaupt einer Regierung in manchen Ländern, meist zuständig für die *Legislative*.

Protestbewegung: eine Reihe von Aktionen, z. B. Märsche oder Unterschriftensammlungen, um eine *Regierung* davon zu überzeugen, ein Gesetz zu ändern.

rechtspolitisch: eine *Ideologie*, die in der Regel fordert, dass traditionelle Werte aufrechterhalten werden und die Bürger und nicht der *Staat* für ihr eigenes Wohlergehen verantwortlich sind.

Referendum: eine *Abstimmung* zu einer bestimmten Frage.

Regierung: eine Gruppe von Menschen, die ein Land führt, oftmals in drei Teile oder Gewalten aufgeteilt: *Exekutive, Legislative* und *Judikative.*
Reich: ein Land, das andere Länder erobert hat oder deren Herrschaft übernommen hat.
repräsentative Demokratie: ein *politisches System,* in dem *Bürger* in regelmäßigen Abständen Politiker wählen, die ihre Ansichten im *Parlament* vertreten.
Republik: ein Land, das keine *Monarchie* ist, sondern von Politikern geführt wird.

Sozialismus: eine *Ideologie,* die auf der Idee gründet, dass die *Gesellschaft* Ungleichheiten beseitigen kann, indem die *Regierung öffentliche Dienstleistungen* wie Bildung und Gesundheitswesen kontrolliert und *Steuern* dazu nutzt, den Reichtum zu verteilen.
Staat: ein Land oder ein Zusammenschluss von Ländern, regiert von einer einzigen *zentralen Regierung,* oftmals vereint durch eine gemeinsame Kultur oder Sprache.
Steuern: Abgaben, die *Bürger* und Unternehmen an die *Regierung* zahlen müssen und die für den Unterhalt des Landes ausgegeben werden.
Suffragetten: Frauen, die sich im 19. und 20. Jahrhundert dafür einsetzten, dass Frauen das *Wahlrecht* erhielten.

Tendenz: wenn *Medien* oder Politiker ein Thema nur von einem bestimmten Standpunkt aus betrachten.
Terrorist: jemand, der Gewaltakte ausführt, oftmals willkürlich und ohne Warnung, um eine *Gesellschaft* in Angst und Schrecken zu versetzen.
totalitäres System: eine extreme Form des *autoritären Systems,* in dem die Machthaber oftmals fordern, dass die *Bürger* sie verehren und ihren direkten Befehlen gehorchen.

Unabhängigkeit: die Freiheit von der Kontrolle durch andere Menschen, Organisationen oder Länder.

Verfassung: ein Regelwerk, oftmals schriftlich dokumentiert, das das grundlegende *politische System* eines *Staates* festlegt.

Wahl: wenn *Bürger abstimmen,* wer ihr neuer Anführer sein soll oder wer sie in der neuen *Regierung* vertreten soll.
Wahlrecht: das Recht von *Bürgern* zu wählen, in der Regel bei nationalen *Wahlen.*
Wirtschaft: die Art und Weise, wie sich Geld und Güter in einer *Gesellschaft* bewegen und wie die *Regierung* diese Bewegung verwaltet.

Zensur: wenn eine *Regierung* den Menschen vorschreibt, was sie sagen und schreiben dürfen und was nicht.
zentrale Regierung: eine *Regierung,* die die Autorität über ein ganzes Land hat, in der Regel mit Sitz in der Hauptstadt.

Register

Usborne Quicklinks

Du möchtest mehr über Weltpolitik erfahren? Links zu Webseiten mit zusätzlichen Informationen findest du auf

www.usborne.de

Gib den Suchbegriff **„Weltpolitik"** ein. Klicke dann auf **„Quicklinks"** unter der Beschreibung des Buches.

Bitte beachte die Hinweise zur Sicherheit im Internet auf der Usborne-Webseite.

Wir empfehlen, Kinder bei der Nutzung des Internets zu beaufsichtigen.

Politik erfordert immer ein tolles Team von Fachleuten.

Text:
Alex Frith, Rosie Hore
& Louie Stowell

Illustrationen:
Kellan Stover

Gestaltung: Freya Harrison
und Jamie Ball

Leiter der Gestaltung:
Stephen Moncrieff
Redaktionsleiterin:
Jane Chisholm

Politische Experten:
Dr. Hugo Drochon,
University of Cambridge
Dr. Daniel Viehoff,
New York University

Mit Dank an:
Lupita Harris, John Pienaar,
Rachel Reeves, Nick Clegg
und Earl Howe

Übersetzung aus dem Englischen: Jutta Vogt
Satz der deutschen Ausgabe: Tanja Haaf
Redaktion der deutschen Ausgabe: Claudia Fahlbusch
Fachliche Beratung der deutschen Ausgabe: Jens Steuer
Projektbetreuung: Ulrike Bonk und Danica Utermöhlen

6. Auflage 2025